Cordula Stratmann
Wo war ich stehen geblieben?

Wann bitte soll man all die Fragen, die das Leben aufwirft, zu Ende denken? Kaum glaubt man, einen Schlussgedanken gefasst zu kriegen, da tut sich schon die nächste Frage auf. Schließlich dreht die Welt sich ständig weiter.
Cordula Stratmann stellt sich der Herausforderung. Auf der Suche nach Antworten seziert sie Politisches, Alltägliches und zutiefst Menschliches. Scharfsinnig bohrt sie dort nach, wo es wehtut, und lässt uns befreit auflachen, wo nur Frohsinn weiterhilft. Ein ABC, das alle Denk- und Lebensfreudigen zum Nachsinnen einlädt: pointiert, hintergründig und bei allem Ernst mit dem ihr eigenen Humor.

Cordula Stratmann, in Düsseldorf geboren, zählt zu den lustigsten Frauen Deutschlands, seit sie in der Kultserie ›Schillerstraße‹ die Improvisationskunst revolutioniert und in ›Zimmer frei!‹ als Annemie Hülchrath brilliert hat. Die preisgekrönte Komikerin überzeugt außerdem als Schauspielerin in zahlreichen Fernseh- und Kinoproduktionen sowie als erfolgreiche Buchautorin. Seit einigen Jahren arbeitet sie zudem in ihrem geschätzten Grundberuf als systemische Familientherapeutin in eigener Praxis in Köln.

Cordula Stratmann

Wo war ich stehen geblieben?

Grübeleien und Geistesblitze

dtv

MIX
Papier | Fördert gute Waldnutzung
FSC® C019821

Taschenbuchausgabe 2025

Tumblingerstr. 21, 80337 München
produktsicherheit@dtv.de
Umschlaggestaltung: dtv nach einem Entwurf von
Hauptmann & Kompanie Werbeagentur, Zürich
Umschlagfotos: Boris Breuer
Satz: Fotosatz Amann, Memmingen
Gesetzt aus der Dante MT Pro
Druck und Bindung: Druckerei C.H.Beck, Nördlingen
Printed in Germany · ISBN 978-3-423-35269-7

Für meinen Sohn

Inhalt

Vorwort

Liebe Leserinnen und Leser!

Wahrscheinlich muss man für das Buch, wie Sie es jetzt in den Händen halten, eine Triggerwarnung aussprechen. Wir Menschen haben uns eine überfordernde, rücksichtslose Welt der Festlegungen, Schuldzuweisungen und Kontaktabbrüche gezimmert, in der wir alle ungeschützt auf unseren Schrecken sitzen bleiben und beinahe jeden anderen zu einem Gefährder erklären. Das macht uns immer empfindlicher – und somit wurden Triggerwarnungen erfunden, in der Hoffnung, sie könnten Schutz bieten.
Meine Befürchtung ist allerdings, dass wir damit einen weiteren Schritt in die Krankschreibung machen, dass wir uns mit unseren Empfindlichkeitsdiagnosen nicht retten, sondern schädigen, indem wir die Verbindung zueinander aufgeben und der Abschottung umso mehr Raum lassen.
Wir brauchen aber einander, niemand ist eine Insel und entwickelt sich alleine. Und für das Miteinander benötigen wir eine gewisse Robustheit und das Wissen darum, dass wir einander immer Zumutung und Lösung zugleich sind. Deshalb dürfen wir den Dialog nicht aufgeben, das

Zuhören nicht, das Fragen, das Reiben. Und das gemeinsame Suchen.
Mein Buch soll eine Einladung dazu sein. Ich möchte durch mein »lautes« Nachdenken in Verbindung mit Ihnen treten, möchte Ihnen in die Rippen boxen und die Hand reichen, ich möchte Sie zum Lachen bringen und zum Kopfschütteln einladen, da, wo Sie meine Überlegungen vielleicht ja sogar hanebüchen finden. Denn mal taste ich mich vorsichtig durch ein Gedankendickicht, mal poltere ich drauflos und trete Ihnen womöglich auf die Füße, mal werden Sie mir zustimmen, ein anderes Mal werden Sie denken: Wie bitte? So ein Quatsch! Letzteres wünsche ich mir als einen Moment, da Sie sich von einem meiner Gedanken abgestoßen fühlen – hin zu einem klügeren, der mir nicht gekommen war.
Anstoß zum Weiterdenken, das möchten meine Texte sein.

Eine letzte Bitte habe ich:
Nehmen Sie also alles, was Sie anregt, und machen Sie damit, was Ihnen sinnvoll erscheint, aber verzichten Sie bitte darauf, mich für Äußerungen zu hassen, mit denen Sie nicht konform gehen. In diesen Fällen reicht es, meine Einladungen in Zukunft nicht mehr anzunehmen.
Nicht Kontroversen gefährden uns, sondern die Kriegserklärungen, die wir ihnen folgen lassen.
Und nun: Viel Spaß beim Erkennen, Verwerfen, Zustimmen, Ablehnen, Weiterdenken und Kichern.

Herzlich
Cordula Stratmann

F wie Fragen

Wo war ich stehen geblieben?
Kann einen verrückt machen, die Frage, oder? Wenn Sie ein nachdenklicher Mensch sind, einer von der Sorte, der sich schon mal an einem Loch in der Luft feststarrt, nachdem er es kurz zuvor hineingestiert hat, dann kennen Sie diesen Versuch, wieder anzuknüpfen.
Überhaupt, diese ganze Nachdenkerei. Die fliegt dich ja an, aus dem Nichts.
Du sitzt an der Bushaltestelle, lässt die Augen von der Leine, kreis kreis kreis, schlägst hart auf bei der Werbung für Slips am straffen Po eines Unterwäschemodels, rutschst in die Frage, auf was du selbst da gerade sitzt, und findest dich in Windeseile auf dem Themenschlachtfeld des Verfalls wieder, nickst dir selber zu beim Gedanken, dass nichts bleibt, wie es ist. Dann kommt der Bus, du steigst ein, hast, bis du Platz genommen hast, in verschiedene überwiegend grämliche Gesichter geschaut, beim Hinsetzen verhindern müssen, dass dir deine Unterlagen aus der prall gepackten Tasche rutschen, du legst endlich deine Hände auf der Tasche im Schoß ab, hebst den Blick, und in so einem Moment kommt sie wieder: Wo war ich stehen geblieben?

Ich weiß nicht, wie es Ihnen geht, ich jedenfalls lebe viele Stunden meiner Tage in dem Gefühl, mit einem Gedanken nicht an sein Ende gekommen zu sein, teils, weil der Fortgang des Tages mich ablenkt, und zum großen anderen Teil, weil aus dem einen Gedanken schon der nächste kriecht, zudem meistens in eine Frage gewickelt. Mag sein, dass das am breiten Themenangebot liegt, über das mein Gehirn gerne herfällt.

Ich befinde mich ebenso in Grübeleien darüber, wie schnell das doch ging, dass junge Eltern ihre Kinder in geräumigen 50-m²-Wohnungen Küchedielebadbalkon, vorne am Rad befestigt, durch die Gegend ächzen, während ich gerade noch unseren Nachwuchs, in einer Plastikschale hinten auf den Gepäckträger geschnallt, über Kopfsteinpflaster gedonnert habe – das Zitat meiner Mutter im Kopf: »Schläge auf den Hinterkopf erhöhen das Denkvermögen.« Meine Mutter war Lehrerin.

Ich befinde mich also gleichermaßen in derlei Überlegungen, sowie ich angesichts eines jonglierenden Straßenkünstlers an der Ampel über die Einwanderungspolitik Deutschlands im Unterschied zu Panama gedanklich verschwinden kann. Oder mich von meinem Gehirn fragen lassen muss, wie demokratiefest ein Hundebesitzer sein mag, der vor mir mit seinem schwarz-rot-gelb gekleideten Golden Retriever über die Allee lustwandelt.

Undsoweiterundsofort.

Jeder frei flottierende Gedankenlauf stets unterbrochen von Zahlungsvorgängen im Supermarkt, von Grüßvorgängen auf der Straße, von eingehenden Handynachrichten, von Ankünften bei Terminen mit Betreten von Häusern,

von hereinbrechender Nacht mit anschließendem Schlafvorgang, so halt.
Und bei Ihnen?
Wie denken Sie sich so durchs Leben?
Wie steht es um Ihre Nach-, Vor- und Nebendenklichkeit?
Wir sollten uns zusammentun. Alleine kommst du ja mit dem ganzen Schlamassel nicht zurecht. Aber manchmal oder immer häufiger kannst du dir sämtliche Verwirrtheiten auch nicht mehr von irgendjemandem aus deinem Umfeld erklären lassen. Der sitzt vielleicht neben dir mit ebenfalls offenem Mund und zuckt mit den Schultern, wenn du ihn fragst, wie du das mit der kulturellen Aneignung denn nun im Detail verstehen sollst. Nachdem du zunächst gedacht hast, du hättest es verstanden.
Ach, ich habe so viele Fragen. Unerheblich, welcher ich den Vortritt lasse. Hier hatte sich gerade die nach der Aneignung nach vorne gedrängelt. Sie wechseln ständig die Prioritätenfolge und ziehen neue nach sich. Ein Geziehe und Gezerre ist das unter den Fragen, da machen Sie sich kein Bild von.

W wie Warum

Ich beginne den Tag mit einer Tageszeitung, die aufgrund einer Abonnierung zuverlässig allmorgendlich unseren Briefkasten und dann den Frühstückstisch belegt. Damit ist mit einem Handstreich beschrieben, wie mein Schädel des Morgens die Rutsche ins Sonstwo nimmt.
Heute, ich habe mir das nicht ausgesucht:
Heute verriet mir die soeben erwähnte Tageszeitung, dass es in Amerika mittlerweile Studierende gibt, die, der Cancel Culture folgend, kein Sushi mehr essen.
Und kennen Sie das, dass Sie von mancher Begegnung mit der Welt, es mag Folge abrupter Überforderung sein, in entfesseltes Gelächter ausbrechen müssen?
Ich las die Zeilen über die Sushi meidenden amerikanischen Studierenden und fühlte mich köstlich unterhalten.
Geht schon wieder los. Diese Zeile schreibe ich gerüttelt von Ganzkörperlachen.
Gut, aber irgendwann, jetzt zum Beispiel, endet dieser Heiterkeitsausbruch, und ich komme nicht umhin, gewahr zu werden, dass die Welt es gar nicht gut mit mir meinte, als sie mir zu Beginn des Tages einen großartigen Scherz schenkte.

Die meinen das ernst.
Mit dem Sushi.
Die essen das nicht mehr.
Weil.
Moment. Kleine Pause. Ich war noch nicht ganz ausgelacht. Das ist das Schöne daran, wenn du Komikerin bist. Du hast einfach länger und öfter Spaß als der Durchschnitt. Herrlich. Die essen kein Sushi mehr. Brüller.
Ich geh mal gerade die Wäsche aus dem Trockner holen. Bin noch nicht wieder in der Lage, mich hier ernsthaft mit dem Thema der Cancel Culture zu befassen. Mein Gehirn liefert mir aber jetzt erst mal Angebote, die ich als alberner Mensch ungern ablehnen möchte – ich frage mich zum Beispiel umgehend, wohin demnächst mit den vielen, vielen Hunden und Katzen und anderen Haustieren, die alle keine Aufnahme in menschlichen Haushalten mehr finden, weil eben, geht ja nicht.
Aneignung von Tieren. Damit muss Schluss sein.
Umgekehrt darf ich aber auch nicht Quartier in einer Hundehütte beziehen. Geht mich nix an. Hundehütten für mich: verschlossen.
Jetzt nächste Frage an die Studierenden aus den Vereinigten Staaten: Folgere ich richtig, dass von euch, Verzeihung, Ihnen niemand, oder anders gefragt: Geht es um die Zubereitung, japanischer Kochkultur folgend, die man als Amerikaner zu unterlassen hat, da ein amerikanischer Student seine Speisen ausschließlich der amerikanischen Tradition entsprechend anrühren sollte? Koi mit Heinz-Ketchup? So?
Okay. Ich gehe Wäsche machen.

So. Alles wieder im Schrank.
Wo war ich stehen geblieben?
Nach dem Lachschüttler hatte ich beim Lakenfalten noch eine Weile mit abebbendem Gegacker zu tun – und dann kam die Angst.
Die meinen das ernst.
Menschen, die ihre Meinung absurd ernst meinen, flößen mir zunehmend Angst ein.
Na, das ist ein bisschen hoch ins Gefühlsregal gegriffen, sagen wir, sie befremden mich.
In dem Zustand nehme ich in meinem Gedankenimperium die nächste Tür mit dem Warum.
Warum ist das so? Was ist da los? Wie geht das da in den mir fremden Köpfen zu? Wie muss ich mir solch einen Denkvorgang vorstellen?
Ich stelle nämlich die Warum- und Was-ist-da-los-Frage zur Sicherung meines Überlebens. Machte ich das nicht, dann gäbe es ja schon wieder eine nächste Anzahl von Menschen, die ich bescheuert finden müsste. Aber ich hasse ja schon die haufenweise Autofahrer, die nicht mehr blinken, und Menschen an Supermarktkassen, die extra nicht gucken, wenn du mit nur einem Teil hinter ihnen zu stehen kommst. Mit der Hasserei musst du höllisch aufpassen. Du solltest sie nur einen Moment aufschwappen lassen und sie unverzüglich kurzhalten, sonst hast du augenblicklich das Problem mit der Blase am Hals, in die du dich zurückziehst, wenn du drum herum zu viele Menschen zu spooky findest. Und diese Blase gibt es nicht in »Gut belüftet«, darin atmest du irgendwann ausschließlich deinen eigenen verbrauchten Atem.

So zuckerhaltig deine Blase dir auch winkt und um dich wirbt, du musst dir im Kopf einen Raum einrichten mit einer Tür, wo das große WARUM draufsteht, und ihn immer dann aufsuchen, wenn du dich murmeln hörst: Alles Idioten.

Reingehen. Platz nehmen. Nächstes Loch in die Luft denken.

I wie Idee

Warum ist das so? Wie meinen die das? Wie gesagt, diese Fragen retten meine Existenz alternativ zum Durchdrehen mit anschließendem Klinikaufenthalt und »die Patientin sein, die den Ärzten Sorgen macht, weil sie ununterbrochen ihren Kopf in jede Wand rammt«.

Es ist ja meistens so, dass jedwede Idee zunächst *sinnvollerweise* entsteht. Da gibt es eine Fragestellung, viele, wenige oder nur ein Mensch fragen beziehungsweise fragt sich etwas, und am Ende ist die Freude groß, wenn da eine Idee auftaucht, die der Beantwortung dienen könnte.

Ein Beispiel: Als die Leute diese irrsinnige Schlepperei von A nach B leid waren, haben sich einfach ein paar Fittere von ihnen mal hingesetzt, einen Kreis aufgemalt, den später aus Holz ausgeschnitzt, sich dazu noch eine Achse ausgedacht – und das Rad war erfunden, als Transportmittel, vor circa 5500 Jahren.

Super Idee. Sicher gab es auch welche, die noch eine Weile dachten, ach, wenn wir das Rad dreieckig machen, legen wir doch direkt noch eine größere Strecke zurück, bei entsprechend langen Schenkeln, müsste man nur überlegen, wie man das Ganze bei viel Gewicht gewuchtet kriegt.

Diese Tüftler haben sich dann eben später erst der Idee vom runden Rad angeschlossen und bis dahin noch interessante Erfahrungen mit dreieckig-rädrigen Schubkarren gemacht.

Aber so ist das mit den Ideen. Nicht alle haben zur gleichen Zeit die gleiche, aber alle sind immer an irgendwas dran. Täglich haben Menschen weltweit Ideen. Tiere übrigens auch. Und Pflanzen.

Nee, Leute, ich spinne nicht!

Das stimmt: Da, wo Leben ist, da gibt es Ideen. Weil es ständig was zu lösen gibt. Weil mit dem unaufhaltsamen Verstreichen der Zeit immer was in Bewegung ist. Es gibt keinen Stillstand, ist halt so, ich habe mir das nicht ausgedacht. Man nennt es Entwicklung.

Und wir sind ja ständig am Machen und Tun.

Oh, es ist keine Milch mehr da, dann geh ich halt noch einkaufen, bevor ich das Kartoffelpüree mache. Gelöst.

Oder ich mache Nudeln stattdessen. Auch gelöst.

Ich schreibe das hier nur nicht für eine Freesie auf, weil ich keine Ahnung habe, wie die Freesie etwas löst.

Igitt, sagt die vielleicht, das Wasser in der Vase kippt um, was mache ich jetzt?

Keine Ahnung. Ist die Freesie eine Kämpferin und speichert so viel, wie sie kann, und überdauert umgekipptes Wasser demzufolge noch eine Weile? Kippt sie zeitgleich mit dem Wasser um?

Ich weiß es nicht.

C wie Cancel Culture

Womit wir, wenn ich das alles richtig verstehe, beim Canceling wären.

In einer woken Gesellschaft *darf* ich für die Freesie gar nicht mehr überlegen. Weil ich eben keine Freesie *bin*.

Und wenn ich die Flapserei jetzt mal bleiben lasse und mir die Sache ernsthaft betrachte, dann konnte ich der Idee von Cancel Culture in ihren Kinderschuhen durchaus mal folgen. Ich fand es ebenso dringend wie all diejenigen, die kulturelle Aneignung für die Bevorzugten zum Thema machten, folgende zugrunde liegende Utopie anzustreben:

Menschen, die in der Menschengeschichte aufgrund ihres Heimatortes und des Schoßes, den sie verlassen haben, zu den Bestimmern, zu den Unterdrückern und Ausbeutern gehören, geben diesbezüglich die Ignoranz auf, welche sie jahrhundertelang von Vorfahren übernommen haben, und lassen sich auf die Lebensgeschichten ein, die durch ebendiese Vorfahren auf der unterdrückten Seite entstanden sind und bis heute durch sie selbst weiter entstehen.

Dass wir Dinge anschauen, einiges als falsch entlarven, anderes einsehen und falsches Zeug künftig bleiben lassen,

dass wir uns zusammentun und Regeln aufstellen, damit das mit dem Bleibenlassen auch funktioniert. Bin ich dabei. Mache ich mit. Kannst du dich drauf verlassen.
Dass es aber Menschen gibt, die infolge Zu-Ende-Denkens kein Sushi mehr essen, weil sie entweder nicht japanischer Herkunft oder kein Fisch sind, diese Meter kriege ich nicht zurückgelegt.
Oder ist das Zu-Ende-Denken schon das Problem?
Wie machen Sie das? Zu Ende denken? Bei mir kommt dann trotzdem immer noch etwas hinterher. Hölzchen auf Stöckchen.
Zurück zum Sushi.
Warum nicht mehr essen?
Das kann ich Ihnen ja eben nicht sagen. Ich weiß nicht, trotz vielen Nachfragens und -lesens, warum zum Beispiel Lehrbeauftragte, Intendanten, Regisseure aus Lehranstalten oder Theatern entfernt werden. Warum Institutsleitungen durch Rausschmisse die relevante Chance verpassen, jungen Auszubildenden eine wesentliche Wahrheit über diverses Leben zuzumuten: Es ist gut, dass du kommst und dich kritisch äußerst, und nun schauen wir uns dein Anliegen genauer an. Eventuell machst du uns gerade auf eine Ungeheuerlichkeit aufmerksam, dann werden wir uns unverzüglich von dem Probanden trennen, der das Grundgesetz nicht eingehalten hat.
Möglicherweise heißt die Lösung bei näherer Betrachtung jedoch auch: Da hat jemand etwas geäußert, das du katastrophal findest, das ist dein gutes Recht. Such diesen Professor auf, streite mit ihm, fordere ihn heraus und höre ihm zu, du hast unsere Unterstützung. Wir werden uns

aber nach seiner Äußerung nicht von diesem Lehrenden trennen, weil wir keine Auslöschung betreiben. Das ist die Vielfalt, die du lernen musst anzuerkennen. Sie ist nicht nur viel, wenn du damit einverstanden bist. Das »Viel« in der Vielfalt bedeutet für jeden Einzelnen von uns, dass er den anderen ertragen muss. Du wiederum bist für jemand anderen eine Zumutung. Ja, dessen darfst du gewiss sein. Unser Leben gibt es nur so. Fehlerhaft.

W wie Warten

Ich stehe bei der Hauptpost in der Schlange.
Wo kommen diese Leute alle her?
Ich gehe ganz selten zur Hauptpost, eigentlich so gut wie nie. Gehen die anderen auch so selten wie ich hierhin, oder sind das welche, die sich andauernd in Reihen aufstellen? Boah, gehen die mir auf den Geist. Schlagartig. Mich hinten angestellt, und ruckzuck von allen genervt. So schnell kann ich gar nicht gucken, wie die mir alle auf den Zwirn gehen. Aber wie!
Ich wollte nur das Päckchen für den Roberto endlich auf den Weg bringen. Liegt schon 100 Jahre bei mir rum. Jetzt muss das mal weg, aber dafür steh ich hier noch ewig in dieser Kackschlange rum. Für ein Päckchen. Für einmal eben »Hallo, ja, ein Päckchen, das macht dingsbums neunzig«, und ab dafür. Ernsthaft. Jetzt umständelt wieder einer saublöd rum da vorne. Könnt ich durchdrehen. Schreib doch deine behämmerte Absenderadresse *vorher* auf deine behämmerte Sendung, da muss *ich* doch jetzt nicht bei rumstehen, bis du deine Postleitzahl, aaaah, Postleitzahl, huuu, die braucht man selber ja so selten, ich guck eben nach, einen Moment, sorry …

Ich krieg die Krise!
Dem stell ich gleich ein Bein, wenn der beim Rausgehen an mir vorbeimuss.
Mach ich natürlich nicht. Das braucht ja dann alles noch mehr Zeit. Beinstellen, oh, Tschuldigung, lange Diskussionen, das haben Sie doch extra gemacht, nee, hab ich nicht, doch, haben Sie ja wohl, sind Sie nicht Cordula Stratmann?
Ich gehe gleich, wenn ich hier fertig bin, ha! Gleich?! In vier Jahren!
Was wollte ich denn gerade?
Achsoja. Ich geh nachher noch in die Buchhandlung, mir ein Buch kaufen über Buddhismus. Das sind doch die Dicken, die immer so entspannt in der Gegend rumlächeln, hey, alles cool, ich hab Zeit, ich bin dankbar, ich sage Ja, ich bin verbunden, mit dem Postschalter, mit dem Vordermann, der Vorderfrau, ich höre das Vogelgezwitscher vor der Tür, ich sehe die Schönheit des Pferdeschwanzes der Dame vor mir, ich atme den Atem des Mannes in meinen Hacken, ich bin Liebe.
Ich brauch das Buch gar nicht mehr.
Alles cool.
Habe mein Zeitgefühl verloren.
Stehe seit meinem Abitur vor 40 Jahren in dieser Schlange.
Hoffentlich wohnt Roberto noch da.

S wie Selbstgespräch

Wer's noch nicht praktiziert, sofort nachholen!
Das *müssen* Sie machen.
Das Selbstgespräch.
Ich wüsste gar nicht, wie ein Tag ohne verbalen Klaps auf den eigenen Po gut zu seinem Ende findet. Wirklich nicht. Nehmen wir für Unerfahrene zum Einstieg mal diesen hier: »Hö? Was ist das denn?«
Ein toller Satz, vielfach verwendbar, eigentlich überall, zeitlich gänzlich ungebunden. Sie können mit ihm direkt morgens starten, wenn Ihre Füße die Schlappen nicht finden, und weitermachen, wenn Sie im Marmeladenglas beim Frühstück Schimmel am Rand entdecken. Spitze macht er sich, wenn's an der Tür klingelt (auch wenn Sie natürlich wissen, dass es wohl der Paketbote ist mit Ihrer neuen Zahnbürste, weil Sie trotz permanenter Dokus über ausbeuterische Beschäftigungsbedingungen und Hinweisen auf klimaschädliche Auswirkungen unbeirrt Ihre Einkäufe per Bestellung erledigen), Sie können problemlos bei »Was ist das denn?« bleiben, quasi als Standardstanze bei Berührung mit irgendetwas. Wen es korinthenkackerisch stört, dass es sich beim Klingeln durch eine Person

natürlich nicht um ein Neutrum handelt, der variiert hier leicht zu »Wer ist das denn?«. Oder auch zu »Wer ist das denn jetzt?«, wenn Ihnen die Zeitebene noch wichtig ist.
Das ist das Schöne beim Selbstgespräch, meine Damen und Queere und Herren, restringierter Code, elaborierter Code, ja leck mich doch am Arsch, wer soll Ihnen denn da Vorschriften machen? Wie Ihnen der Schnabel gewachsen ist, so ist Ihre Ansprache an Sie, bis Sie selbst sich sagen: »Nicht in dem Ton!«
Sie dürfen in dieser Konversation wie in keiner anderen schlecht über Dritte, nein: Zweite reden. Sie dürfen gendern, es bleiben lassen, Schmähungen aussprechen, Bodyshaming betreiben, verbal die Sau rauslassen.
Als Selbstgesprächiger sind Sie jemand mit Selbstreinigungsfunktion. Ohne dass ein anderer unzureichend für Sie hat tätig werden müssen, gehen Sie nach Ihrem Zwiegespräch in kleinster Runde in Kontakt mit Mitmenschen, die in den Genuss Ihrer Aufgeräumtheit kommen, denn Sie sind mit einfachsten Mitteln ein Mensch, der sich gesehen und verstanden fühlt, made by your own.
Oder auch dieses hier: Die mit mir zusammenlebenden Menschen werden, befragt nach meiner meistgestellten Frage an mich selbst, antworten mit: »Wo ist denn jetzt …?«
Ich liiiiebe diese Frage!
Mit ihr auf den Lippen erhebe ich mich vom Stuhl und suche die Zeitung von gestern. Mit ihr laufe ich, bereits Mantel an und Tasche unterm Arm, noch einmal durch alle Zimmer und suche wahlweise: Schlüssel, Lippenstift, Handy, das Mitbringsel für den Freund, die Fisherman's

Friend Anis (nur Anis!!!), Euromünzen für Obdachlose in der Innenstadt, Akkuschrauber, verlängern Sie die Liste selbst.

Gestern flog meine Sympathie einer Dame in der Kölner Innenstadt zu, die davon nichts mitbekommen hat, weil ihr derweil ihre EC-Karte herunterfiel und sie im Bücken zu sich den schönen und absolut zutreffenden Satz sprach: »Oh, das ist nicht gut.«

Richtig. EC-Karte verlieren ist nicht gut. Geübte Selbstgesprächige erkennen ihre Lage blitzschnell und finden die richtigen Worte dafür. Wir sind einfach hartgesottene Persönlichkeiten, nicht so schreckhaft wie die, die sich anstrengen, dass ihnen nichts herausrutscht. Rausrutschen ist unser Programm, »Hoppla!« haben wir erfunden.

Mordslustige Wut im Straßenverkehr bekomme ich mit einem reflektierenden Selbstgespräch in den Griff, ich wäre sonst rohen Gewaltfantasien ausgesetzt, denen ich jedoch augenblicklich ein Innengemurmel entgegensetze, ungefähr dieser Art: wenn ich zum Beispiel, auf dem Fahrrad am Zebrastreifen wartend, bis sich eine circa 2000-jährige Schildkröte im Körper eines Fußgängers aufreizend langsam über die Straße schiebt, leise in mich hineinspreche: »Lass dir Zeit, du Knallcharge, gar kein Ding, ich schau dir gern noch länger zu, kann mich gar nicht sattsehen an deiner Anmut, du …« In Tonaufnahmen würde es hier piepsen §$%&%$«!

Ein weiterer Textvorschlag für Einsteiger wie für Fortgeschrittene ist dieser solide Seufzer: »Nee, ne?«

Zu ergänzen mit »Das war klar!«.

In meinen Augen *die* entsprechende Abnahme von kleinstformatigen Situationen, die kurzfristig das Fortkommen behindern: Marmeladenseite auf Boden oder auch Cremetiegel, in Küche oder Bad; Wagen nicht finden beim Betreten der Straße. Ebenso geeignet als Türöffner im Gemüseladen, wenn es keine Pilze mehr gibt, du aber wolltest gleich, nachdem du zuletzt ganz knapp vor Ladenschluss schnell noch alles eingekauft hast, eine Pilzpfanne mit Frühlingszwiebeln, Spargel, Zuckerschoten und etwas Orangenschale machen (nachkochen, schmecken lassen!).
Mit meinem Gemüsehändler eröffne ich seit vielen Jahren immer wieder mit einem »Nee, ne?« unseren Austausch über Rezeptalternativen, denn wenn ich abends bei ihm ankomme, hat er ja häufiger keine Pilze, Zuckerschoten, Spargel oder was weiß ich mehr.
Dann schwärmt er mir von seinen gefüllten Paprika vor und ich verlasse mit diesbezüglichen Naturalien sein Geschäft.
Des Selbstgesprächs Wieder- und Wiederverwertbarkeit ist ein Segen, in jegliche Richtungen verwendbar, man fängt bei sich selbst an und bei Gelegenheit erweitert man den Kreis der Angesprochenen, zack, Paprikaschoten.

Schauen Sie, nur nochmal für die, die bisher das Selbstgespräch stringent gemieden haben, weil sie vielleicht denken, das täten nur Verrückte, wer auch immer das mal für die Verrückten allein beansprucht hat, es ist ja so: Wenn Ihre Mitbewohnerinnen und Mitbewohner alle aus dem Haus sind, falls Sie nicht sowieso alleine wohnen, dann bleiben Sie allein mit dem Menschen zurück, der

Ihnen grundsätzlich am vertrautesten ist. Sie gehen mit ihm schlafen und erledigen sogar Ihr großes Geschäft gemeinsam, und ausgerechnet diese treue Seele ignorieren Sie konsequent?! Nicht mal *ein* aufmunterndes Wort haben Sie für diese Person parat, die noch nie von Ihrer Seite gewichen ist?

Kein »Das wird schon wieder!« beim Betrachten Ihres Spiegelbildes?

Kein »Aaaah, geschafft!«, wenn Sie Ihre Füße beim Schlafengehen unter die Bettdecke stecken?

Ich habe für Sie hier nun zum Anfang einen ganz leichten Einstieg, probieren Sie es mal aus, ich schwöre Ihnen, Sie werden es nicht mehr missen wollen, so wohlig selbstkontaktiert.

Zeitpunkt egal, gehen Sie mal zum Spiegel, Spiegelort ebenfalls egal, und dann schauen Sie sich an, Mundwinkel hoch, zwinkern und dann: »Na?«

D wie Diversität

Wie kommen wir eigentlich darauf, die Tatsache der Diversität zurzeit so zu behandeln, als sei sie neu, Ausdruck unserer Zeit, ein Trend?
Diversität meint Verschiedenheit und beschreibt uns Menschen so herkömmlich, wie es nicht hervorzuheben ist, dass wir zu den Zweibeinern zählen. Divers waren wir schon immer, Diversität ist ein Naturgesetz und liegt nicht in unserer Entscheidungsmacht. Ist schon entschieden. Diversität: Ja. Welt- und weltallweit.
Und so gern wir Menschen etwas für eine exklusive Entdeckung innerhalb unserer Krone-der-Schöpfung-Lüge halten, Diversität gehört nicht dazu, sie war vor uns da und meint die gesamte Existenz, wir spielen da im Gesamtbild wirklich eine ganz geringe Rolle.

R wie Rassismus

Ich möchte Ihnen hier meine eigene Rassismus-Geschichte erzählen.
Eine Geschichte, bei der ich nicht gut wegkomme. Weil wir »Naturdeutschen« alle nicht gut wegkommen bei näherer Betrachtung unseres Lebens mit sogenannten Fremden. Weil es kein »gutes Wegkommen« in der Geschichte von Weißen und Schwarzen gibt, von allen »Fremden« im Land der Weißen.
Es war Pandemie-Zeit, wir waren in die Isolation getrieben und ich legte zu der Zeit meine Wege von A nach B überwiegend zu Fuß zurück. Im Frühjahr 2020 durchpflügte ich die Stadt auf ein- bis zweistündigen Fußmärschen, mit Podcasts und Hörbüchern in meinen Ohren, manchmal mit Musik, dann kam ich tanzend am Ziel an.
Und nun muss ich Ihnen von dem Hörbuch erzählen, das in mir eine Veränderung angestoßen hat, von der ich zuvor behauptet hätte, dass ich zu diesem Thema gar keine neuen Anstöße brauche. Hier liegt der erste Fehler, der mich nicht gut aussehen lässt.
Es handelt sich um das Hörbuch *Exit Racism* von Tupoka Ogette, als Handbuch lag es seit 2017 bereits vor, ich lernte

es im April 2020 als gerade erschienenes Hörbuch kennen. Darin breitet Ogette ihr Angebot aus, weißen Menschen nachvollziehbar zu machen, wie durchdrungen wir von Rassismus sind. Bis heute.

Im ersten Kapitel startet sie, freundlich und ruhig in der Stimmlage, bei Punkt null – ich als »aufgeklärte« Hörerin, kritische Denkerin, als Sozialarbeiterin und Familientherapeutin erfahren mit der Vielfalt von menschlichem Leben, dachte bis circa Kapitel drei: Aaahnee, das ist was für die anderen, ich bin ja in diesen Fragen schon viel weiter, logischerweise, ich habe ja nicht unterm Stein gelebt in den vergangenen Jahrzehnten.

Diesem Impuls, mich für aufgeklärt genug zu halten, traute ich aber selbst nicht. Ich wusste doch längst, ab Minute eins des Hörbuchs, dass Ogette nicht mehrere Stunden aufgenommen hatte und mir nichts zu sagen hätte. Ich gab mir im Geiste den Klaps auf den Hinterkopf: Das füllst du jetzt hübsch bis zum letzten Schluck in deine Ohren, Cordula, dein Abwinken wird Tupoka Ogette vermutlich gleich als einen Teil des Problems beschreiben.

Und so kam es natürlich. Ich war dann in den als Seminar aufgebauten folgenden Stunden konfrontiert mit meinen Irrtümern, mit meiner Ignoranz, mit meinen blinden Flecken, mit meiner weißen Ungestörtheit. Mit meinem fundamentalen Unwissen über schwarzes Leben direkt neben meinem weißen. Und mehr noch: über mein weißes Leben. Denn ich bin weiß, ich bin Babyboomerin, meine Generation hatte in ihrem ungestörten Leben keine Hürden im Alltag zu überwinden, keinen Kommentar von anderen auszuhalten, in der Regel offene Türen für Pläne – und

im Ergebnis keine Notwendigkeit, sich mit dem Weißsein zu befassen und damit, was das bedeutet.
Mit ihrer Hautfarbe und was daraus folgt, müssen sich nur die Schwarzen und People of Colour herumschlagen. Dafür tun sie uns auch richtig leid, deswegen tätscheln die Guten von uns sie gerne auf ihr wunderschönes Haar und beruhigen sie, dass wir absolut überhaupt gar kein Problem mit Hautfarbe haben.
Haben wir auch nicht, wir sind ja weiß. Und indem wir die Hautfarbe zum Nichtproblem erklären, canceln wir mal wieder die Realität der People of Colour. Und somit ist Hautfarbe ein Problem. *Das* aber definieren nicht wir Weißen, uns stört es nur extrem, dass wir es nicht für gelöst erklären können, sondern wir sogar immer schon und immer noch Teil dessen sind.
Ohne weiße Menschen hätten schwarze Menschen kein Problem, bis heute.
Ich war beschämt und regelrecht aufgewühlt davon, einen bis dahin unangetasteten Hohlraum in mir entdeckt zu haben. Ich, die selbstverständlich auf Demonstrationen gegen Ausländerfeindlichkeit anzutreffen ist, die jedem eine Standpauke hält, der aus Fremdheit Gegnerschaft machen will, die wütend darüber ist, dass Kinder von Migranten schlechtere Bildungschancen haben (Kinder aus armen Familien übrigens ebenso, darüber könnte ich verrückt werden!).
Ja, ich.
Ich gehörte exakt zum Adressatenkreis von Tupoka Ogette, sie nennt mich Bewohnerin von Happyland, dem Land, in dem wir Weißen uns Rassismus vom Leib halten, indem

wir ihn zugeordnet haben: den Tätern von Hanau, den Glatzen, der AfD, all denen, die rechtes Gedankengut und deshalb mit uns nichts zu tun haben.
Mir wurden Details klar, die ich zuvor nie bedacht oder mit denen ich einfach nie Berührung hatte: dass wir tatsächlich denken, zum Rassismus gehöre ein Vorsatz. Und wer den Vorsatz, rassistisch zu denken, nicht hat, der ist auch nicht rassistisch.
Fundamental falsch.
Mein Übersehen, meine Unkenntnis führen ganz ohne Vorsatz, einfach nur konsequenterweise zu rassistischem Verhalten. Ich habe durch das gedankliche Mitgehen in Ogettes Seminaren nochmal einen Gang durch mein Großwerden in meiner Familie gemacht. Eine Alle-Menschen-sind-gleich-Familie, bei uns gab es keine Hetze gegen andere Menschen. Ich dachte wirklich, das reicht.
In Happyland denken wir, das reicht.
Wenn ich Tupoka Ogette und anderen People of Colour zuhöre, erfahre ich, wie wenig das ist, wie unzureichend.

Seit dem regelrechten Durcharbeiten von *Exit Racism* habe ich vielen davon erzählt, habe vielen Happyländern von meiner Beschämung bei der Beschäftigung mit meinem eigenen unbewussten Rassismus erzählt. Und machte die interessante Erfahrung, dass ich meine Scham verteidigen musste gegen all die, die mich trösten wollten, weil sich das ja so blöd anfühlt, Scham.
Echt? Scham, Cordula? Findest du das nicht ein bisschen übertrieben?
Was, bitte, ist übertrieben daran, wenn ich echtes Bedau-

ern und Beschämung fühle, sobald mir bewusst wird, dass ich etwas Falsches geglaubt oder getan oder das Richtige nicht getan habe?

Warum sollte ich Energie ins Abwiegeln stecken, wenn ich doch höre, dass mir da jemand etwas zu sagen hat?

Was ist überhaupt mit denen los, die sich einer Infragestellung nicht aussetzen, sich im Gegenteil sofort massiv verteidigen wollen?

Warum fühlen sich Menschen sofort in Gefahr, wenn sie kritische Resonanz bekommen, und bemerken nicht, dass sie im Abstreiten nur um sich selbst kreisen, anstatt sich dem Kritiker zu widmen, der eventuell Wertvolles für sie im Gepäck hat? Wer sogleich in selbstverteidigende Abwehr geht, erklärt sich damit für einer Kritik nicht gewachsen, erklärt sich als zu instabil, um Wind von vorne standzuhalten.

Dafür kann ein Kritiker nichts, wenn du zu schnell aus der Kurve fliegst.

Und nun bitte ich Sie, euch, dich, das Hörbuch *Exit Racism* von Tupoka Ogette anzuhören, es weitet die Sicht und das Herz. Und es ist unser Teil der Arbeit, die wir Weiße nachzuholen haben im Sinne eines gleichwürdigen Lebens.

S wie Scham

Kleiner Einschub für alle, die das Schamgefühl gerne mit Stumpf und Stiel aus ihrem Leben entfernen möchten: Wer sich mithilfe so mancher Therapeutinnen und Therapeuten das Schamgefühl wegtherapiert und die Praxis verlässt als jemand, der sich nicht mehr schämt, sondern stattdessen bedingungslos zu sich steht, kann unter Umständen kein besserer Mensch geworden sein. Vielleicht ist er neuerdings nur ein rücksichtsloserer.

Wie mit all unseren Empfindungen ist es auch mit der Scham etwas komplexer: Wer zum Opfer einer Tat wurde oder in der Kindheit Opfer elterlicher Beschimpfungen, empfindet häufig Scham darüber und braucht Hilfe dabei, die Verantwortung eindeutig bei Tätern und Täterinnen zu verorten. Dieser konkrete Fall bildet die Ausnahme. Hier ist es wichtig, keine Beschämung durch die Tat eines anderen zuzulassen.

Abgesehen von diesem Vorgang meldet sich die Scham aber sehr hilfreich, wenn sie sich auf unser eigenes Verhalten bezieht, wenn sie uns als mahnende Instanz auf die Schulter klopft und ins Ohr murmelt: »Das war nicht gut gerade, schau dir nochmal an, wie du dich da oder dort gezeigt hast. Eventuell ist eine Entschuldigung fällig. Komm mir jetzt bloß nicht mit: So bin ich eben!«

Ich begrüße die Scham, wann immer sie sich in meinem Leben zeigt.

Wie sich Ihre bei Ihnen zeigt, weiß ich nicht, meine ist absolut unmissverständlich.

Und unbestechlich.

Sie zieht mir die Schultern hoch und die Luft durch die Zähne, rümpft meine Nase und seufzt ganz tief, dann schaut sie mir bis auf den Grund meiner Seele und schüttelt den Kopf.

Meine Scham ist meine große Schwester, die auf mich aufpasst und mir Meldung macht, wenn meine Impulse überschießen. Wenn ich sie nicht wegbeiße, weil sie Unangenehmes für mich im Gepäck hat, endet mein Zwiegespräch mit ihr möglicherweise in einer Entschuldigung an jemanden, dem ich beispielsweise über den Mund gefahren bin, weil ich recht haben wollte.

Mich mithilfe meiner Scham selbst zu erkennen und da, wo nötig, zu korrigieren, macht mich frei. Ohne sie wäre ich einer wesentlichen Fürsorgekraft in mir beraubt.

Fast verliebt in die Scham, die Stratmann, ne?

Was ich nur sagen will, ist dies:

Wir sollten nicht im Rahmen von Selbstoptimierung wertvolle innere Instanzen auslöschen, die uns zu kulturellen Wesen machen; sonst würden wir uns am Ende nicht weiter-, sondern zurückentwickeln.

T wie Trinken

Das ist gut.
Trinken ist gut.
Viel trinken.
Wenn ich mich so umschaue, haben das nahezu 100 Prozent der Menschen verstanden.
Das ist richtig, richtig gut so. Weil wir sonst vertrocknen, dann können die Nieren versagen. Das wäre sehr schlimm. Wenn wir zu wenig trinken, können die Nieren ihre wichtige Funktion des Ausspülens nicht mehr übernehmen, richtig schlimm wäre das.
Unsere Haut bleibt länger prall und glatt, das ist ein wesentlicher kosmetischer Faktor, weswegen wir durchgehend trinken sollten. Der gesamte Austausch unserer Zellen untereinander, die Weitergabe aller Nährstoffe im Körper von der Aufnahme bis zur Ausscheidung sind nur gesichert bei ausreichender Versorgung mit Flüssigkeit.
Deswegen: Wir müssen immer und überall viel trinken.
Die gute Nachricht ist die, dass das wirklich wahnsinnig viele, viele Menschen vollkommen begriffen haben. Wenn andere vernünftige Entwicklungen sich so schnell durchsetzen würden wie das Bewusstsein über die Relevanz von

Trinken, wir hätten die Klimakrise und alles andere gleich mit im Griff.

Ich stehe mit mehreren anderen an einer Ampel, und wenn ich mich mal in der Runde umschaue, setzen dann gerade drei von den Umstehenden zu einem kräftigen Schluck aus ihrer Aluflasche an, vier weitere haben in der einen Hand ihre Tasche, in der anderen ihr Getränk, der Rest ist auf dem Weg zum Kiosk, sich ein nächstes Wasser holen (wahrscheinlich heute Aluflasche zu Hause vergessen). Wer nicht an dieser Ampel steht, befindet sich mit seiner Trinkflasche an einer anderen Ampel, in der Bahn, in einer Besprechung, beim Gassigehen, in einem Videocall oder sucht eine Toilette.

Ich kenne Leute, die besteigen ihr Auto ausschließlich mit Trinkbecher in der Hand, den sie vor dem Anschnallen in die dafür vorgesehene Halterung direkt am Lenkrad festklemmen.

Sie denken vielleicht, ach, der muss bestimmt von München nach Berlin fahren; ja, das ist immer möglich, dass einer von München nach Berlin muss mit Leckereien und vielen Getränken. Aber ich bezog mich hier auf diejenigen, die die kurze Strecke von zu Hause zum Hauptbahnhof mit dem Wagen zurücklegen, um jemanden aus München oder Berlin abzuholen, und die genau wissen, dass je nach Ampelphase oder Verkehrsaufkommen solch eine kurze Strecke ohne Getränk schon mal ganz schön lang werden kann, zumal man einem Reisenden, nachdem er im Zug seine Wasserflasche geleert hat, für den Weg vom Bahnsteig bis zum Wagen sofort etwas anbieten muss, damit der nicht dehydriert.

Ehrlich.
Trinken ist wirklich gut.
Das habe ich, während ich diese Zeilen niederschreibe, auch gerade nochmal bei meinem Hausarzt, einem sehr klugen Mann, nachgefragt.
Der sagt auch: Trinken – sehr gut.
Ich habe ihn dann, nur so zum Spaß, gefragt, ob er es als Mediziner denn dann begrüßt, dass sich das Trinkverhalten der allgemeinen Bürgerinnen und Bürger allüberall dahingehend gesteigert hat, dass von rund 84 Millionen Menschen in unserem Land an die 83 737 000 von insgesamt durchschnittlich 16 Wachstunden am Tag, sagen wir mal, 13 Stunden beinahe durchgehend an Alu- oder auch mal an Kautschukflaschen nuckeln.
Da sagt der, nein, das sei Regression.

P wie Passwort

Verdammter Mist.
War das eine Zahlenkombination? 113355 wieder? Oder hab ich bei PayPal 31315151?
Nee, OBSTKORB war's! Genau, Obstkorb.
§OBSTKORB§
/Obstkorb/
O.B.S.T.K.O.R.B.
Auch nicht.
Jetzt kann ich es erst in drei Tagen wieder versuchen.
Aber wo war denn dann Obstkorb mein Passwort? Bei der Online-Apotheke? Nee, da hab ich doch PscHyreMbel.
Bei Amazon hab ich Amazon, das weiß ich.
Aber da bestell ich nix. Nur ganz selten.
Wegen der Arbeitsbedingungen und Klima. Das weiß man ja mittlerweile.
Aber wofür hatte ich bloß OBSTKORB?

S wie Sport

Ernsthaft jetzt.

Die folgenden Zeilen gehen auf keinen Fall an die, die Sport lieben, die »ohne Sport nicht leben könnten«. Weil sie Sport »brauchen«, weil Sport für sie »der Ausgleich« ist, ich dreh schon wieder durch.

Euch gehen meine folgenden Zeilen einen feuchten Kehricht an, ihr nervtötenden ganzjahresfitten Durchtrainierten mit dem festen Bindegewebe und der kürzeren Heilungszeit bei egal was aufgrund eures Topzustandes von Herzkreislauf und Widerstandskraft!

Jetzt mal nur an die, die es so getroffen hat wie mich, wir suchen uns das doch auch nicht aus.

Ganz ehrlich, ich hasse Sport.

Ja, warum denn auch nicht? Ich bin so auf die Welt gekommen. Meine Vorfahren stammen in direkter Linie von Faultieren ab, ich hab das mal recherchiert.

Wir werden auf allen Wegen und Plattformen mürbe gemacht von der Einordnung von Sport für unser Leben: Er stiftet Sinnhaftigkeit. Na klar. Keine Frage.

Die Welt kann sich zurücklehnen (aber passt auf, dass ihr davon nicht augenblicklich träge werdet), ich will nur dies

sagen: Es gibt keinen Sporthassenden, den nicht schon die Nachricht erreicht hat, dass Sport gut und gesund und bla und blub. Schließlich seid ihr Sportis vom Typ her den Veganern ähnlich, sie lassen es jeden wissen, weil sie überzeugt sind, ist besser so. Alles klar. Capito.
Findet euch ruhig sexy und gut definiert, das ist in Ordnung, ihr seid ja sexy und gut definiert. Einige.
Ich lehne mich mit diesem Text nur einmal gegen all das auf, was in der Heldengeschichte des Sports unterschlagen wird: Was ja so gut wie nie mal näher betrachtet wird, ist der Aspekt, welch privater Vorgang das ist, nein, sein sollte, das Sportmachen.
Sein sollte, wenn Sie mich fragen.
Man schwitzt, man riecht, man stöhnt, Gesichtszüge entgleisen, schön ist das nicht. Wir gehen nicht zusammen aufs Klo (mit Ausnahme der Männer an Pissrinnen, bitte einmal erklären), zeigen uns aber großzügig in verglasten Räumen, von außen gut einsehbar (auch hier bitte einmal erklären, wer kann), und drücken mit den Beinen Gewichte zusammen oder ähnlich Unschmeichelhaftes. Ich weiß also durch Beobachtung, dass das Sportgemache so ganz und gar nicht privat gehandhabt wird. Ich sehe euch ja ständig durch Parks und Straßen rennen oder eben ins verglaste Gym.
Gym. Ich krieg die Krise.
Oder Marathon.
Ich kann die Leute gar nicht mehr zählen, von denen die Welt erfahren durfte, dass sie nach einem verfetteten, ungesunden, vollkommen auf den Hund gekommenen Leben »das Laufen für sich entdeckt« und dann »dabei geblie-

ben« sind und nun den soundsovielten »Marathon laufen«, was sie »wahnsinnig stolz« macht. Kann man alles in ihren Büchern oder Interviews verfolgen.
Es soll gar kein Petzen sein, wenn ich mich hier nur einmal in diesen paar Zeilen daran erinnere, wie nicht nur Einzelne, sondern über den Tag verteilt Unzählige vor meinem Fenster beim in oben genannten Biografien bejubelten Marathon reihenweise in den Rinnstein gekotzt haben und von Sanitätern aufgekehrt wurden.
Macht ihr ruhig. Life is a challenge.
Oder wenn ich an der roten Ampel stehe und neben mir ein eindeutig nicht freundlich gestimmter Läufer (wann genau ist das denn mit diesen Endorphinen, dass die euch beim Rumstressen zu diesen überglücklichen Leuten machen?) neben mir auf und ab hopst, ich finde ja, ihr seht dann immer so aus, als wärt ihr knatschig darüber, dass …, ja, keine Ahnung, worüber seid ihr eigentlich so sauer, wenn man euch beim Laufen sieht?
Ich weiß natürlich, wie ich diese Frage selbst beantworte, ich kann ganz klar sagen, warum ich scheißwütend bin, wenn ich, weil der Arzt das ja so will, alle Ärzte wollen das so, wenn ich also morgens meine Scheißübungen mache in meinem Scheißkeller, beginnend auf dem Scheißfahrrad.
Weil's einfach scheiße ist!
Weil ich, da ist für mich gar keine extra Begründung vonnöten, selbstverständlich viel lieber stattdessen noch eine Tasse Kaffee trinken und dabei in aller Ruhe meine Zeitungen lesen und danach ans Tagwerk gehen würde. Hä?! Wer versteht denn das jetzt nicht?

Aber ich sagte eben bereits, dass wir, die den Sport hassen, es längst begriffen haben, dass die Natur rumgestümpert hat und wir deshalb alle unseren Organismus mit diesem Sportmist abfucken müssen, für die Gesundheit, sonst geht das Ding ja kaputt.
Verschanzen Sie sich ruhig hinter Ihrer gönnerhaften Ansicht, aus mir spreche der Neid. Bitte schön, können Sie haben, wenn es Sie noch geiler aufs Rumrennen macht.
Es ist jedoch kein Neid, der mich umtreibt, es ist was anderes.
Ich bin pampig auf die Natur.
Wenn die sich bei unserer Herausmendelung ein bisschen mehr reingehängt hätte, dann hätte dabei ruhig ein Menschenwesen herauskommen können, das in Form und Farbe und diverser Objektneigung existiert und außerdem robust genug ist für Sahnetorte, Bier, Schmorgerichte, für alles, was jemand gerne genießen möchte.

PS: Fände ich jetzt doch blöd, wenn das die Sportnerver nicht gelesen hätten, weil ich sie zu Beginn aus meinem Text rausschmeißen wollte. Entschuldigen Sie bitte, ich bin halt manchmal hü und hott.
Hot vor allem, weil ich ja auch durchtrainiert bin, unfreiwillig.

E wie Entrüstung

Dass junge Studierende häufig entrüstete Menschen sind, ist bei genauer Betrachtung dessen, was sie wollen, folgerichtig. Sie schauen sich an, was gelehrt wird, was an Lehre und daraus folgender Weltsicht sie zukünftig übernehmen sollen, sie nehmen die Lehrenden, deren Verhalten und die größere Welt ins Visier, erkennen erst einzelnen, dann zusammenhängenden Veränderungsbedarf und in sich die Energie, diese Veränderungen zu erzwingen.

In genau diesem Stoffwechsel saß auch ich im Hörsaal.

Ich war als junge Frau überzeugt davon, dass meine Entrüstung ein guter Kompass und es meine Aufgabe ist, mich zu äußern, wo immer ich Schieflage und Unrecht bemerkte. Dieses Naturell ist mir bis heute und irreversibel erhalten geblieben, weil es in meinen Augen zeitlos richtig ist, etwas, nämlich Weiterentwicklung, zu wollen; den restlichen Teil meines Wesens verdanke ich einfach der Biochemie.

In meiner Radikalität, mit der ich als junge Frau für »das Richtige« gestritten habe, war ich in den späten 80er-Jahren eine woke Studentin. Ich wäre es wieder, säße ich

heute in Seminaren. Ich würde mit Leidenschaft diese Gründerzeiten, in denen wir uns befinden, mitgestalten.
Aber ich hatte das Glück, dass mir gegenüber damals keine woken, sich anbiedernden Lehrenden standen, die selbst jung und wild bleiben wollten, indem sie mir recht gaben. Einzelne Professorinnen und Professoren, die sich, um den Coolnessfaktor balzend, duzen ließen, habe ich durchaus erlebt. Jedoch habe ich sie als unreife Konkurrenz im kindlichen Ringen um Anerkennung, keineswegs als Respektspersonen empfunden.
Stattdessen hatte ich in den Jahren der Ausbildung mehrere charakterstarke Mentorinnen und Mentoren, die als Lehrende mich herausgefordert und meine Positionen Nachfragen unterzogen haben. Ich musste mich auf meinem Weg zur berufstätigen Erwachsenen infrage stellen lassen, ich musste mir Meinungen bilden und sie vertreten oder revidieren, ersetzen durch daraus folgende, bestenfalls wieder bewegliche.
Ich habe gelernt, dass, wer nach 15 Jahren noch unbeirrt dieselben Ansichten vertritt, der Beweglichkeit der Zeit seine geistige Starre entgegensetzt. Ich habe zudem gelernt, dass Entrüstung keinem Selbstzweck dient, sondern immer nur nützlich ist, wenn wir sie im Sinne eines verbesserten Miteinanders einsetzen. Deswegen halte ich Canceling, so, wie es derzeit um sich greift, für den Gegner von Reifungsprozessen.

PS: Ich werde einfach nicht fertig im Kopf mit dem Vorgang der Rausschmeißerei: Wie kann das sein, dass gerade dort Menschen entfernt werden, wo das freie, das kontroverse, das visionäre Denken beheimatet sein muss: an Lehrstätten und in Kulturbetrieben?!

G wie Grenzen

Es ist seltsam, wie wichtig Menschen ihre Landesgrenzen sein können, und im fundamentalen Unterschied dazu legen viele im Umgang miteinander auf Einhaltung von Grenzen zu anderen Menschen so gar keinen Wert. Privater Raum? Öffentlicher Raum?
Hallihallo, kennt noch jemand den Unterschied?
Ich zumindest vermisse ihn schmerzlich.
Ich finde es toll, wenn ich bei fremden Menschen, denen ich nur flüchtig in Wartezimmern begegne, rein gar nichts damit zu tun bekomme, wie die sich in ihrem ganz privaten Umfeld zeigen. Bei solchen zum Beispiel, die Unsicherheiten in Fragen ihrer Fußpflege haben, möchte ich absolut überhaupt gar keinen freien Blick auf ihre nackten Füße in Sandalen im Sommer haben. Ist so eine Macke von mir. Ich will hier ehrlich zu Ihnen sein, mir ist das schon zu privat. Wenn wir zwei beispielsweise darüber uneins sind, dass Ihnen der Pflegezustand Ihrer Füße egal ist, mir aber nicht, und wenn ich damit zu tun bekomme, indem Sie Ihre Füße neben meinen auf einem Boden im Wartezimmer abstellen. Solche Sachen. Da schüttelt's mich. Furchtbar.

Derlei Begegnungen zwischen Fremden gehören nun aber zum Herumleben dazu und in der Regel dauern sie nicht allzu lange. Ich weiß das mittlerweile und habe mich in Wartezimmern neben ungepflegten Füßen (Beispiel) im Griff.

Aber wie richten wir uns mit denen ein, mit denen wir ein Auskommen finden sollten, also überall da, wo unser Miteinander nicht einmalig, nicht flüchtig ist? Da sollten wir uns grundsätzlich auch der Grenzen unseres Gegenübers vergewissern, ja natürlich, nicht nur unsere eigenen Grenzen sind Maßstab für den richtigen Abstand.

Grenzen.

Das Thema ist nicht neu, es hat garantiert schon Adam mit Eva und Eva mit Adam herausgefordert, darüber haben wir in den 80ern erhitzt im Studium debattiert – und schon erste Veränderungen bewegt. Kleine, weil der Strom aller, die da möglichst mitgehen sollten, ein zäher ist.

Die Frage der Grenzen des anderen, die wir zu achten haben, habe ich immer äußerst ernst genommen, und sie war selbstverständlich Teil der Ausbildung zu meinem Beziehungsberuf.

Es ist eher gar keine Frage, sondern nicht verhandelbar. Zumal ich auf meinem Weg zur Sozialarbeiterin vielfach mit gewaltvoller Grenzverletzung durch Erwachsene an Kindern befasst war, die mich bis heute unverändert fassungslos macht. Ebenso verhielt es sich mit dem Killer Rücksichtslosigkeit, die im Sinne eines gelingenden Miteinanders dringend zu unterlassen ist.

Niemand sollte sich selbst dazu ermächtigen, die Emp-

findsamkeit anderer zu ignorieren, und die Gleichwertigkeit aller Menschen ist für mich grundsätzlich und niemals infrage zu stellen.
Was heißt denn hier »für mich«, so ein unüberlegter und somit direkt schon wieder arroganter Blödsinn! Die menschliche Gleichwertigkeit ist unantastbares Gut, unabhängig von unserem persönlichen Ja oder Nein. Und somit ist hier ein »für mich« vollkommen fehl am Platz: für mich oder ohne mich, Gleichwertigkeit ist frei von Zustimmung. Kann ich mich noch so schick finden beim Beschreiben meiner Aufgeklärtheit, schön aufpassen, Cordula, die Gleichwertigkeit schert sich nicht um dich und sie ist dir auch nicht dafür dankbar, dass du ihr beipflichtest. Sie ist Grundlage von allem, ob du dich nun mit einem »für mich« einverstanden erklärst oder nicht.
Kennen Sie das? Wenn wir bei unseren Äußerungen ein Ohr nach innen richten, müssen wir manches Mal neue Sätze bilden, weil sich beim Äußern immer mal wieder Quatsch daruntermischt.
Was – und hier muss ich, glaube ich, ein »für mich« einfügen, weil es sicherlich nicht alle so sehen wie ich – *für mich* allerdings auch in den Umgang mit Gleichwertigkeit gehört, ist meine Folgerung, dass mir somit auch jeder andere Mensch mit gleichem Recht auf die Nerven gehen kann. Manchmal ist die Achtung eines anderen einfach ein gegenseitiges Dulden. Auf Durchsetzung eigener Wünsche besteht kein automatisierter Anspruch, und ich habe dich nicht weniger zu achten, wenn ich nur nicht mit dir konform gehe und vielleicht ja sogar über deine Position mit den Augen rolle.

Erstmalig fundamental herausgefordert wurde meine eigene Haltung bezüglich des Umgangs mit Grenzen und Rücksicht, als der Karikaturenstreit, ausgelöst durch Mohammed-Darstellungen in einer dänischen Tageszeitung, weltweit zu Auseinandersetzungen über Religions-, Kunst- und Pressefreiheit führte. Mir wurde, außerhalb von privatem Kontext, in neuem Gewand klar, wie nahezu unlösbar das alle Menschen betreffende Vorhaben ist, dass im Wechselspiel von Freiheit und Grenzen jegliche Kränkungen zu vermeiden seien.
Und wie reflexhaft Opfer in ihrer Kränkung einen Vernichtungswillen begründen, der ihnen ihres Erachtens Racheakte zu ihrer Genugtuung erlaubt.

G wie Genugtuung

Oooooh.
Ach herrjeminneeeeh. Genugtuung.
Die kleine fette Schwester der Rache.
Die beiden sind oft gemeinsam unterwegs und kicken Blechbüchsen durch die Gegend. Zusammen mit ihrem Aggro-Bruder, dem Wutrausch. Und vorneweg läuft das Ego, der Bandenführer. Das geht immer, gut durchtrainiert, als Erster, und wenn du nicht schnell genug weggeguckt hast, kriegst du ein angriffslustiges »Was?!!« entgegengeschleudert.
Wir kennen alle das Befinden, uns durch jemanden verletzt zu fühlen. Das gehört nämlich zu unserem Miteinander dazu, da brauchen wir uns nichts vorzumachen.
Es staunen zerstrittene Paare in meiner Praxis immer, wenn ich sie frage: »Sie haben sich zu Beginn der Beziehung bestimmt mit vor Liebe überlaufenden Augen gesagt: ›Schatz, ich werde dich niemals verletzen‹?« Dann nicken sie, die so hochmotiviert in ihre Zweisamkeit gestartet sind, und halten die Luft an, wenn ich daraufhin sage: »An so ein Versprechen kann sich kein Mensch halten, Leute, Sie könnten ebenso behaupten: ›Schatz, siehst

du den Bus da vorne, den kann ich mit einer Hand hochheben.‹«

Halten wir also fest, dass es ein menschliches Miteinander ohne gelegentliche Kränkungen, Beleidigtheiten und schwerer oder leichter wiegende Rumpeleien nicht gibt. Ich muss das erwähnen, weil wir damit den Boden identifizieren, auf dem der Bedarf an Genugtuung keimt.

Die wollten wir uns ja ansehen.

Nehmen wir mal das Beispiel, dass Sie sich mit einem Freund verabredet haben, der Ihnen auf eine Art und Weise absagt, die Sie unangemessen finden, und das zum wiederholten Male.

Bumms, Kränkung.

Jetzt passiert die erste Abbiegung Richtung Sich-Reinsteigern, die andere Abzweigung wäre die mit dem gelassenen Abwinken gewesen. Geht aber nicht, der Typ hat mich missachtet. Der Idiot. Der kann mich bald mal. So einen Freund brauch ich nicht. Echt nicht. Ich wollte ihm an dem Abend eigentlich von meinem Jobwechsel erzählen. Kann der vergessen. Ich erzähl dem gar nichts mehr, so, wie der mit mir umgeht. Der verspätet sich sowieso meistens und abgesagt hat der ja jetzt nicht zum ersten Mal.

In dieses Selbstmitleid mit Nasenwut (wenn der Atem beim Ausatmen heiß ist) schreibt mir der Freund eine Mail, in der er sich noch einmal erklärt, warum er unsere Verabredung nicht einhalten konnte, und in der er mich nochmals um Entschuldigung bittet, mit dem Abschluss: »Beim nächsten Mal übernehme ich die Rechnung, liebe Cordula!«

Gut getimt klingelt's an der Seelenfriedentür, und da steht die Genugtuung, geht direkt durch ins Wohnzimmer, setzt sich breitbeinig über zwei Sitze auf das Sofa, grinst mich an und sagt: »Da gehst du doch wohl nicht drauf ein?! Den lässt du mal schön zappeln, was glaubt der denn?! So leicht wollen wir es dem Blödmann aber nicht machen, oder?«
Tja. Die Genugtuung. Immer so gefräßig.
Die kriegt es wirklich fertig, stopft sich das Unwohlsein des »Täters« plus dessen Entschuldigungsversuch in den Rachen und antwortet: »Ich nehme die Entschuldigung nicht an.«
Weil sie entscheidet, dass sie noch nicht genug hat.
Was ist genug? Gibt es ein Genug? Für wie lange?
Schwierig zu ermitteln, dieses Genug ist nämlich total launisch, willkürlich, an schlechten Tagen unersättlich.
Und wie schafft man Genugtuung?
Die eine Seele ist genügsam und eine andere vielfräßig. Ist nun die genügsame doof, weil sie sich mit weniger zufrieden erklärt als die vielfräßige?
»Der Klügere gibt nach«, hat meine Mutter immer zu mir gesagt. Was machen wir damit?
Und was machen wir, wenn wir uns der Genugtuung widmen mit der Großzügigkeit?
Und was macht eine Gesellschaft mit Genugtuung durch Auslöschung, durch Canceling? Werden wir davon klüger?

P wie Pause

Päuschen gemacht. Kann ich nur empfehlen. Kopf eine Weile aus dem Fenster gehalten, Leuten beim Rumlaufen von rechts nach links zugeschaut, beim Einparken, bei all dem Zeug, das man halt so sieht, wenn man zum Päuschen den Kopf aus dem Fenster hält.
Wieder zurück am Platz. Gedankenfäden wieder aufnehmen. Nachdenken-Pulli weiterstricken.
Wo war ich stehen geblieben?

W wie Wokeness

Woke, also wache Menschen möchten Fehler im Zusammenleben diverser Menschen meiden. Haha, Sie haben den Fehler gerade gar nicht bemerkt, ne? Ich zuerst auch nicht. Da steht totaler Quatsch, gehen Sie nochmal drei Zeilen zurück, ich hab da Stuss aufgeschrieben! Gucken Sie doch mal, da steht: blablablub, diesdasjenes und dann: »im Zusammenleben diverser Menschen.« Ja, was denn sonst? Ich hatte doch bis gerade lang und breit auseinandergesetzt – Achtung, Leute! –, divers ist quasi alles, weil geht ja gar nicht anders, weil ja die Welt nicht aus eineiigen Zwillingen besteht. Und dann schreib ich da »diverse Menschen«, ich Doof. Weißer Schimmel. Dann machen wir es auch komplett. Tote Leiche.
Diverse Menschen. Und mich jetzt bitte nicht anklugscheißen, damit meine ich auch zwei Remscheider deutscher Herkunft, beide evangelisch, gleicher Schulabschluss und Beruf, verheiratet, ein Sohn, eine Tochter, 4-Zimmer-Wohnung. Die sind auch divers, so gleich ihre Vorgärten auch aussehen.
Zurück zu woken Menschen, Konzentration jetzt, Manometer.

Woke Menschen möchten, aus unserer ignoranten, abscheulichen kolonialen Herkunft lernend, Regeln aufstellen für ein Miteinander, in dem niemand mehr willkürliche Macht über eine andere Person ausüben darf.
Das ist unstrittig, das ist das, was die Aufklärung in uns anstoßen wollte.
Wir werden nur niemals an ein noch so großartiges Ziel gelangen, wenn wir nun Verbote festlegen, mit denen wir uns zum Ziel setzen, menschlichen Irrtum ausrotten zu wollen. Wir werden kein aufgeklärtes, achtsames Miteinander oder wenigstens Nebeneinander entwickeln ohne Anerkennung von Gleich-Gültigkeit unserer Verschiedenheit und Wünsche, ohne Einsicht darin, dass wir alle miteinander dem Nächsten eine Zumutung sind, ohne Ambivalenz. Wir müssen nicht in Gänze mit einem anderen einverstanden sein, wir müssen aber mit seinem *Recht* auf Existenz neben uns selbst einverstanden sein, und das in Gänze.
Wie weit sind wir heute in der Frage von Leben-und-leben-Lassen?
Welche Weiterentwicklung in einem besseren Sinne erhoffen sich woke Menschen, wenn sie den Tatbestand kultureller Aneignung ausrufen?
Zu welchem gültigen Miteinander möchten sie sich verabreden?
Nochmal: Übergriffigkeit ist immer falsch, und dass ich diesen Sachverhalt verstanden habe, glaubt man mir hoffentlich anhand der zuvorigen Ausführungen.
Aber wie wollt ihr, liebe Woken, es zukünftig mit Empathie halten? Kann es sein, dass ihr Empathie, das Einfühlen

in andere, in eurer Gründlichkeit mit Übergriffigkeit, mit Aneignung verwechselt?
Darf ich dir ohne vorherige Abfrage keine Blumen mehr mitbringen, weil ich mich damit eventuell, weil ich vorher ja nicht nachgefragt habe, über deinen Wunsch hinwegsetze, dass du lieber eine Zitronenrolle von mir mitgebracht bekommen hättest? Kannst du dich nicht über meine Geste freuen, weil du mit der Ungeheuerlichkeit meiner Eigeninitiative überfordert bist? Oder gar von ihr abgestoßen?
Darf ich mir von meiner Reise nach Alaska keine Mokassins mehr mitbringen, auch wenn sie ein Geschenk eines Einwohners waren, der sie mir ohne Druckausübung meinerseits lediglich zu meiner Erbauung antrug und sich an meiner Freude erfreute?
Geschweige denn, dass ich sie in meiner deutschen Heimat anziehen dürfte?
Und was machen wir mit der indianischen Weisheit, die da lautet: Gehe 100 Schritte in den Schuhen eines anderen, wenn du ihn verstehen willst?
Besteht ihr darauf, dass ich die Schuhe nach 100 Schritten wieder nach Alaska zurückschicke, und ist es für euer Empfinden schon Aneignung, wenn ich überhaupt einen anderen verstehen will?
Müsste Ryan Gosling als einer der herausragenden internationalen Schauspieler sein Leben lang nur Ryan Gosling verkörpern dürfen?
Und wie steht es damit, wenn ich nach einer Auseinandersetzung die Einsicht eines anderen übernehme, sie mir aneigne, weil sie mich klüger macht?

Müssen wir nicht unterscheiden zwischen Raub und Bereicherung?
Raube ich dir etwas, wenn ich mich durch dich bereichert fühle? Ist das nicht eine der schönsten Liebeserklärungen, die wir einander machen können: Ich fühle mich durch dich beschenkt und reicher?
Nächste Frage:
Was machen wir zukünftig mit der Fantasie, mit dem Ausprobieren von Neuem, mit Versuch und Irrtum?
Wir brauchen solche Dialoge wie: Tom zu Jana: »Hoppla, sorry, ich habe mich geirrt!« Jana zu Tom: »Entschuldigung angenommen, mein letzter Irrtum war erst gestern.«
Wir kommen auch nicht weiter ohne ein »Stell dich nicht so an!«. Dieser Satz ist wie alles, was wir unter der als segensreich entdeckten Vielfalt verstehen, mal absolut verboten und ein anderes Mal ein ausschließlich förderlicher Tritt ins Gesäß einer Person, die sich für das Beklagen entschieden hat.

S wie Selfcare

Ich habe Ihnen doch eben schon von meinen konfrontativen Mentorinnen und Mentoren erzählt. Was glauben Sie, war einer der hilfreichsten Sätze in meiner Ausbildung, auf dem Weg zur Beraterin? Den ich neben anderen bis heute befolge?

Ein prägender Satz auf meinem Weg in einem Gefühle-ernst-nehmen-Beruf war dieser: »Cordula, du hast nicht nur einen Bauch zum Fühlen, du hast auch einen Kopf zum Denken auf dem Hals, benutz den mal!«

Und was glauben Sie, wie oft mir diese kluge Aufforderung heute einfällt, wenn ich konfrontiert werde mit den ausufernden Trainingsmöglichkeiten für Selfcare, Selbstliebe und wie der neue Egoismus noch genannt wird?

»Das fühlt sich für mich nicht richtig an« sollte ein entscheidender Satz sein in vielerlei Hinsicht; er sollte Kindern dabei helfen, Distanz einzunehmen, er sollte Menschen, die gemobbt werden, als Erlaubnis dienen, Täter zu benennen, er ist wichtige Grundlage gegen missbräuchliches Verhalten anderer. Aber wenn er meine Antwort auf die Frage einer Freundin ist, ob ich ihr für ein Bewerbungsgespräch meine schöne Hose leihe, die ihr auch steht und sie selbstsicherer machen könnte, dann habe ich einfach nur nicht mehr alle Tassen im Schrank. Dieses Beispiel wurde mir aus erster Hand zugetragen und steht hier nur als *ein* Beispiel für leider *viele* Tassen, die bei vielen selfcarenden Leuten in ihren Schränken fehlen.

So ein Mist.

Viel Geld ausgegeben für Wellnessbücher und -seminare, kurzfristig toll befreit, abgegrenzt, und hey, da möchte ich mich gerade nicht festlegen, vielleicht ist unsere Verabredung am Sonntag nicht mehr stimmig für mich – und dann zählst du deine Tassen durch und hast davon nicht mehr genug für den Kaffeebesuch. Und gehst dir beim zehnten zelebrierten Bad mit dir allein in deiner Badewanne ordentlich selbst auf den Sender.

Na gut, du kannst natürlich im Sinne deiner gesicherten Stimmigkeit den Besuch bitten, seine eigene Tasse mitzubringen, aber ich denke jetzt nur mal, möglicherweise fehlerhaft, weiter. Ich könnte mir vorstellen, dass dieser Besuch langfristig lieber die Einladung annimmt, die jemand mit eher zu vielen Tassen und ausreichend Kuchen auf dem Tisch ausspricht, jemand, der der Zumutung von Kontinuität in Beziehungen noch keine Absage erteilt hat. Entschuldigung, ich lache euch gerade aus, ihr Stimmigen. Ist vielleicht auch nur meine Albernheit, die auf die Uhr geschaut hat und sagt, kuckuck.

Aber nein, ich will von meinen verbalen Schubsereien gar keinen Abstand nehmen, ich will ehrlich sein: Ihr geht mir wirklich ernsthaft auf den Geist, ihr Wohlfühl-Dogmaten. Ich stelle mir einfach gerade diesen Vorgang vor, wie es sein muss, wenn ich sämtliche Vorhaben einer jeweils

momentanen Stimmigkeitsüberprüfung unterziehen muss. Bei grundsätzlichen Entscheidungen ist mir das selbstverständlich vertraut. Meinem Kind mal eine hauen, ganz klar nein, fühlt sich falsch an. Wie es sich anfühlt, Aktien eines Rüstungsunternehmens zu kaufen, sowas frag ich mich erst gar nicht. Trotzdem, ich stelle mir das jetzt mal im detaillierteren Detail vor, das mit der konsequenten Stimmigkeit:
Ich verabrede mich am Mittwoch mit einem Freund für Samstag, und der ist ohne meine Absage so weit bis zu meiner Türklingel gekommen. Ich allerdings kann nun den Türöffner nicht betätigen, weil ich im konkreten Moment seines Klingelns eine unüberwindliche Unstimmigkeit empfinde und ihm ja meine freundschaftliche Aufmerksamkeit nur vorgaukeln würde, also vollends unehrlich zu ihm wäre, derweil er denkt, ich sei noch seine Freundin.
Ich also, ganz ehrlich und somit stimmig, sage ihm durch die Sprechanlage: »Sorry, Leo, ich käme mir vor wie eine Verräterin, würde ich dir jetzt aufmachen, ich fühle im Moment nichts für dich.«
Wenn jetzt dieser Leo, Gott sei Dank, letzten Monat, nachdem ich ihm so davon vorgeschwärmt hatte, den Selbstliebe-Workshop bei Dirk Dingsbums im Odenwald durchlebt, durchfühlt hat, weil auch er dort geübt hat, wie aus einem Ja zugunsten von Me-Time ein Nein wird, dann ist die Klingelanlagenabsage doch überhaupt kein Problem. Vielleicht sagt er ja, vor meiner Haustür stehend, tropfnass, weil er mit dem Rad durch den Regen 20 Minuten bis zu ebendieser Haustür gefahren ist, vielleicht sagt

ja Leo in die Sprechanlage: »Hey, du, kein Ding, ich liebe dich für deine powervolle Abgrenzung, sie inspiriert mich!« Und macht infolgedessen abends seine Tür nicht auf für seinen Freund Tim, der mit einem Kasten Bier zum verabredeten Champions-League-Spiel kommt, aber leider unstimmig für den frisch inspirierten Leo, der just in dem Moment nichts fühlt für Tim und auch nicht für Fußball. (Obwohl, das glaub ich jetzt nicht.)
Zudem, falls Leo doch so krass inspiriert wäre und Tim wegschickte (Sprechanlage kaputt, er musste dafür aus dem Fenster rufen, was seine Entschiedenheit umso mehr herausforderte beim Direktkontakt mit dem Wegzuschickenden, das Leben ist nicht einfach, obwohl Kursleiter Dirk das im Odenwald doch ganz klar so formuliert hatte) und, Obacht, Tim *kein* Absolvent eines Selfcare-Erlebnisses wäre, dann hätten wir eventuell das Problem eines wutdampfenden Tim mit Bierkasten, ebenfalls pudelnass (immer noch schlechtes Wetter, wir sind ja nicht auf Mallorca, wo auch ganz tolle Workshops angeboten werden, by the way), der *möglicherweise*, ich will hier nicht für Tim sprechen (Aneignung, ganz klar), keinen Bock mehr auf Leo hat, der einen alten Freund vor der Tür abweist, weil er im Vormonat im Odenwald war.

Ist mir bei dieser gründlichen Vorstellung von Selfcare noch irgendein Denkfehler unterlaufen?

A wie Achtsamkeit

Und bei der derzeitigen Begeisterung für Erzählungen vom Glückskeksleben mit seinen Einzeilern, die auf ein Zettelchen im Teig passen, muss ich denen ihre Zähne ziehen (Aneignung, reingefallen, ich bin doch gar keine Zahnärztin!), die glauben, die aktuelle ausgeprägte Ich-Bewegung mit ihrer Achtsamkeit wäre eine transformierte Weiterentwicklung von menschlichem Leben.

Ich kann bezeugen, dass das Stieren auf den eigenen Bauchnabel einen eklatanten Rückschritt darstellt, und unschwer vorzustellen, rennten wir alle schmerzhaft ineinander, wenn wir, den Blick auf unseren Bauch gerichtet, durch die Gegend mäanderten. Um Unfälle zu vermeiden, musst du den Blick heben, das größere Ganze ins Auge fassen, das bringt uns die Verkehrspolizei schon im Kindergarten bei.

Ich konkretisiere meine Zeugenschaft mit Blick in meine Sozialarbeitsvergangenheit:

»Störungen haben Vorrang« – als mantrisches Heilsversprechen hatte dieser Satz schon mal seine ganz große Zeit in den 80er- und 90er-Jahren. Da durften bereits einzelne Menschen einem ganzen Sozialarbeiterteam massiv auf den Sender gehen, zum Beispiel mit der Reklamation, dass er, meistens sie (ist ja einer der schlechter bezahlten Berufe, also sie), sich nicht ausreichend gesehen fühlt in ihrer absolut aufreibenden Tätigkeit der Kaffeekassenverwaltung und bla und blub. Ich war Zeugin einer ausgiebigen Würdigung dieses Problems in bezahlter Arbeitszeit namens Teamsitzung zuungunsten einer knackigen Analyse, dahingehend lautend: Die Britta hat keinen Bock mehr, wer übernimmt?

Wer mit derlei praktischen Lösungen eine Diskussion über die Gekränktheit der Kaffeekassenverwalterin, die sich zu wenig gewürdigt fühlte in diesem Ehrenamt, abkürzen wollte, galt als psychologischer Grobmotoriker und stellte somit seine Eignung für den Helferberuf infrage. Alternativ zur zügigen Umbesetzung an der Kaffeekasse mussten sich die einzelnen Teammitglieder der Gekränkten gegenüber glaubhaft dazu äußern, dass sie die Kränkung verstehen, bedauern und sich zukünftig um Unterlassung der Missachtung bemühen. Was, der Schluss sei hier auch noch verraten, niemals zum gewünschten Ziel führte. Man konnte (das gilt bis heute: man kann) der Kränkung sowie der Ungeheuerlichkeit, dass sie überhaupt zustande gekommen ist, noch so viel Platz einräumen, die beschädigte Person geht in den seltensten Fällen befriedet aus der Situation heraus, so meine Erfahrung. Auf dem Weg zur Beilegung eines Kränkungskonflikts liegen zu viele Versuchungen neuer Kränkung – hier streifen wir das Kapitel G wie Genugtuung.

Nicht lange vor gerade beschriebener, zu damaliger Zeit häufig praktizierter »Klärung« hatte ich von meinen in

Studium und Therapiegruppen sich total authentisch gefühlsbasiert entwickelnden Freundinnen eine (immerhin bedauernde) Absage erhalten, als ich dringend Unterschlupf außerhalb meiner eigenen Wohnung, darin ein sehr mit mir zerstrittener Freund, suchte.
Die infrage kommenden Probandinnen hätten sich bei Zurverfügungstellung einer Couch selbst zu eingeschränkt in ihrer eigenen Lebensführung gefühlt, zumal alle auf eine schwierige Kindheit zurückblickten. Ich kam, kein Scherz, bei einer Freundin unter, die Chemie studierte und in ebenjenem Studium in Fragen der Selbstoptimierung entsprechend ahnungslos gehalten wurde, das arme Ding.
Das war eine schöne Zeit dort.
Denn so dramatisch unterentwickelt die Chemiestudentin persönlich nun mal war im Unterschied zu denen, die sich täglich mehr spürten, so wohltuend war es, meinen eigenen Studentinnenblasenkopf mit der Welt in Kontakt zu bringen, die eine Studentin der Chemie bewohnte. Die gab mir einfach den Schlüssel zu ihrer Wohnung mit Couch für mich und steckte ihren Kopf wieder in ihre Chemiebücher.
Mit dem Freund, das wurde dann nichts mehr. Ich musste mir nach Beziehungspause auf fremder Couch danach eine ganz neue zulegen.

T wie Taxifahrer

Wie bewegen Sie sich denn so durch Ihre Klein-, Mittel-, Großstadt?
Na klar. Mit dem Rad.
Das mache ich auch. Und mit dem Bus. Ich auch. Bahn. Ich auch.
Und, es ist, da ich in der Großstadt kein eigenes Auto fahre, manchmal unvermeidlich: mit dem Taxi.
Klappt das gut bei Ihnen? Mit dem Taxi?
Wo wohnen Sie denn?
Ist das bei Ihnen klein genug, sodass der Taxifahrer sich noch auskennt?
Das müsste eine Ortschaft sein, in der Sie auch gut alles zu Fuß erreichen. Darüber hinaus ist es für die meisten Taxifahrer nicht mehr zu leisten. Obwohl der Wohnungsbau deutschlandweit stagniert, ist es dennoch so, dass beinahe täglich sämtliche Ortschaften und ganz besonders alle Großstädte anschwellen.
Es schießen Straßen über Nacht wie Pilze aus dem Boden. Mehrere Taxifahrer haben mir in den vergangenen Jahren schlüssig argumentiert, dass sie mit den ihnen zur Verfügung stehenden Mitteln kaum noch in der Lage sind,

eine Straße ausfindig zu machen, und dass sie mit der von mir als Ziel genannten absolut nicht haben rechnen können. Ganze Kreuzungen befanden sich gestern noch im Norden der Stadt und sind tags drauf wie vom Erdboden verschluckt. Plötzlich stehst du mitten in der Großstadt mit deinem ratlosen Taxifahrer inmitten vier Spuren, die bis dato hier so noch nicht existierten. Der Taxifahrer schwört.

Ich weiß es doch auch nicht.

Wie oft habe ich schon mit ersterbender Stimme vom Rücksitz aus nach vorne gerufen, ob er denn die Zieladresse bei Google eingegeben habe, da standen wir auch schon im Nirgendwo. Das kann ja Google auch nicht immer alles wissen, wenn es ausgeschaltet bleibt.

Zuletzt vermuteten mein sehr engagierter Taxifahrer und ich, dass der ganze Schlamassel daran liegen mag, dass tagsüber auf den Baustellen keinerlei Bautätigkeiten ausgemacht werden können, des Nachts aber ganze Viertel neu entstehen.

Ohne neuen Wohnraum.

Weil das ja Bauamt ist. Nicht Verkehrsamt. Deswegen.

Mein letzter Taxifahrer musste mit mir durch vollkommen unbekanntes Gebiet irren, weil das Bauamt haufenweise neue Straßen baut (nachts).

Nicht neue Wohnungen, das macht das Wohnungsamt.

Das sind so die Gespräche, die ich aus dem Fond mit den Fahrern führe.

Nur so. Aus Verzweiflung.

Manchmal will ich aber auch an Orte, die wirklich jeder kennt und findet. Dom. Hauptbahnhof. Flughafen. Sowas.

Dann entwickeln sich die Gespräche natürlich ganz anders.
Apropos Gespräche.
Auf dem Fahrersitz eines Taxis nimmt die ganze Welt Platz. Alle Kontinente, alle Kenntnisstände der deutschen Sprache, alle Bildungsgrade.
Ich habe persische Lieder, deutsche Gedichte, eine griechische Interpretation von »Born in the USA«, Strohdummes und zutiefst Philosophisches, Komplimente, Ungeschicktheiten, Kriegs- und Familiengeschichten kennengelernt, ich habe einen tschechischen Fahrer mit Fragen gelöchert, damit er immer weiterredet, weil ich mich in die Melodie seines Deutschs verliebt hatte. Ich habe ohne Vorankündigung die krebskranke Frau des Taxifahrers an seinem Handy nach hinten gereicht bekommen, weil ihr das guttun sollte, mit der Lustigen aus dem Fernsehen zu reden. Von der Rosi, die seit 35 Jahren auf dem Bock sitzt, kenne ich jedes Detail der Trennung von ihrem Mann, so ein Arschloch. Des Weiteren bin ich mir der Diskretion aller Taxifahrer gewiss, weil sie wirklich nur mir erzählt haben, welche anderen Prominenten dieser Stadt sie schon von wo nach wo gefahren haben und wo genau die wohnen.
Ich könnte Ihnen hier jetzt noch tagelang Taxigeschichten erzählen, aber für heute muss ich Schluss machen, ich muss zu einer Einladung und habe mir aus Schuhgründen ein Taxi bestellt. Auf das freue ich mich noch ein bisschen mehr als auf die Gastgeber, die mich erwarten.
Können Sie verstehen, ne?

M wie Mutterschaft

Das Mutterthema kenne ich nur als ein äußerst heikles. Überfrachtet von Bildern, Dogmen, Tabus, Unfreiheit. Selten einfach nur eine fantastische, extreme Herausforderung, die dich komplett auf den Kopf stellt. Selten erfahren wir beim Thema Mutterschaft von Spaß, Genuss, Freude, Wachstum, Gewinn.

Selten sind wir Mütter solidarisch miteinander.

In welcher Weise ich mich hier nun dem Thema Mutterschaft widme, ich werde ganz sicher einige Geschlechtsgenossinnen mit meinen Äußerungen erbosen. Schon die hierauf folgende könnte problematisch sein und bei manchen zu Unmut führen. Aber wenn ich es eh nicht für alle »richtig« machen kann, dann bin ich ja frei, dann kann ich euch, liebe andere Frauen, liebe andere Mütter, meine Überlegungen anbieten, und ihr beißt da mal rein oder lasst es. Ihr nickt oder schüttelt mit dem Kopf, fühlt euch von mir verstanden oder versteht mich eben nicht. So könnten wir es handhaben.

Es geht nämlich direkt los mit einer Provokation für manche, auch wenn ich das gar nicht beabsichtige: Meine Mutterschaft gehört zu den beglückendsten Erfahrungen in

meinem Leben. Sie hat mich zu einem besseren Menschen gemacht.
Ich wäre andernfalls eventuell ein selbstkreisendes Arschloch geworden. Oder hätte zumindest auf andere Weise darum kämpfen müssen, besser von mir selbst absehen zu lernen. Und: Ich finde die Erfahrung von Mutterschaft sogar sehr oft sehr lustig. Sehr, sehr lustig.
Es ist mir ein Rätsel, wie man mit seinem vierjährigen Sohn in der Straßenbahn sitzen und sich nicht mehrfach bestens amüsieren kann. Was zieht ihr dauernd für Gesichter, Mütter? Alle Kinder sind von Geburt an spaßbereit, albern, äußerst interessiert am Witz.
Bis wir es ihnen austreiben. Mit unseren schwachen Nerven und unserer miesen Laune. Kenne ich beides recht gut, glauben Sie das mal. Aber warum sollte ich mich diesen zwei Mühlsteinen ausgerechnet dann hingeben, wenn ich mit meinem kleinen Sohn unterwegs bin? Im Gegenteil, mich hat das Zusammensein mit meinem Kind, das doch für keine Umstände, die mich stressen, etwas Ursächliches kann, genau deshalb vor schlechter Laune geschützt. Ich bin eher allein genervt anzutreffen als mit einem Kind.
Es macht mich so dermaßen glücklich, dass meine Eltern beim Elternfehlermachen nicht meine Ressource Humor beschädigt haben. Das hat es mir ermöglicht, das Piffpaffpeng-Kaddongg-Boingbuff-Ktschktschpfffffftpaff meines Vierjährigen als Einladung zum (oft rettenden!) Nonsens und nicht als enervierend zu verstehen. Als mögliche Pause vom erwachsenen Ich-muss-noch-dieses-oder-Jenes habe ich das Unterwegssein mit meinem Sohn empfunden; wenn wir von A nach B mussten und er Fratzen zog,

habe ich gerne mitgemacht, denn ohne Fratzen waren wir nirgendwo pünktlicher.

Kleiner Einschub: Ich will Ihnen hier nicht verkaufen, ich sei eine durchgehend quietschvergnügte Mutter im Spiel mit einem quietschvergnügten Kind gewesen. Selbstverständlich kenne ich die bleierne Unlust auf einen lautstarken Matchbox-Autounfall oder den Zeitdruck, wenn das Timing des Sohnes nicht zur Taktung passte, die ich für den Tag vorgesehen hatte. Ich mache aber daraus nicht den Grundsatz, das Leben mit Kindern sei anstrengend.

Das legen *wir* so fest. Warum sagen wir nicht, es ist oft verwirrend? Rührend? Überwältigend, im chaotischen wie im emotionalen Sinn? Herausfordernd? Nervig, aber dies erst auf Platz 6? Vieles mehr? Aber wir sagen, es sei anstrengend – und alle nicken. So werden Kinder zu Störenfrieden, wir erklären sie dazu, dabei wollen sie nur spielen. Anstrengend sind dagegen meine Pläne und mein Festhalten daran, viel weniger mein Kind.

Warum, liebe Mütter, bin ich mit meiner heiteren Perspektive auf meine Mutterschaft unter euch so oft allein gewesen?

Den fehlenden Vätern habe ich mich in einem extra Kapitel zugewandt, sie sind fundamental an der mütterlichen Erschöpfung beteiligt, natürlich – aber ob ich meine Beziehung zu meinem Kind anstatt mit Bitterkeit mit Heiterkeit grundiere, mit einem Ja ohne Aber zu diesem kleinen Wesen, dafür darf ich nichts und niemanden verantwortlich machen als mich selbst.

Wer hat uns das Seufzen beigebracht? Und warum übernehmen wir es bis in die heutige Müttergeneration?

Regretting Motherhood. Bereuende Mutterschaft.
Da stehen diese zwei Wörter. Hart und schmerzhaft.
Schwangerschaft und Geburt gehen mit einem fundamentalen hormonellen Umbau einher, und so unberechenbar diese Stoffe in uns wirken, so unterschiedlich können sie uns belasten, anstatt uns zu beglücken. Postnatale Depressionen hat keine Frau freiwillig, sie sind ein schwerer Angriff auf die Seele und das Mutter-Kind-Verhältnis, und es braucht zur Abhilfe Verständnis und Beratung! Mich befallen nur Zweifel, ob es sich bei allen bereuenden Müttern um eine solche Belastung handelt oder bei einigen nicht eher um ihre mangelnde Bereitschaft, sich in ein neues Verhältnis zu begeben, für eine Zeit eine Nährende zu werden und dabei von sich selbst absehen zu wollen.
Warum wissen wir so wenig über das Versprechen, das wir geben, wenn wir die Verhütung einstellen, weil wir ein Kind haben wollen? Wir diskutieren wochenlang, was es für unsere Zukunft bedeutet, diesen oder jenen Arbeitsvertrag zu unterzeichnen, der Vertrag mit unserem Kind jedoch passiert uns einfach. Alles ganz natürlich. Doch wir wissen noch nicht einmal annähernd, was wir mit dieser blümeranten Idee von »Natürlichkeit« eigentlich meinen.
Es gibt von Mutterschaft so viele Gesichter. Die selbst gelebte ist nur eine Seite dieser Erfahrung und ja längst nicht für alle Frauen zutreffend.
Die Frage von Mutterschaft stellt sich allen weiblichen Wesen, wir treffen alle irgendwann in unserem Leben bewusst oder unbewusst die Entscheidung für oder gegen Kinder. Nicht zu vernachlässigen die vielen Fälle, in denen die Natur diese Frage, anders als von uns initiiert, ent-

scheidet, für manche Frauen mit vehementen Folgen, wenn ihr Kinderwunsch unerfüllt bleibt oder sie ungewollt schwanger werden. Freiwillig und unfreiwillig kinderlose Frauen erleben mitunter abstruse Situationen, wenn sie übergriffige Fragen beantworten und für ihre Kinderlosigkeit Rechenschaft ablegen sollen. Als gäbe es für den Rest der Welt einen Anspruch auf Aufklärung darüber, warum eine Frau keine Kinder hat, warum sie welche hat, warum sie so oder so mit oder ohne Kinder lebt.

Nicht Frauen allein, die ganze Welt definiert weibliche Lebensführung immer schon unter anderem anhand der Mutterfrage. Die Biologie will es so. Und bis irgendwelche Männer im Silicon Valley Techniken ersonnen haben, wie Kinder ohne Mütter auf die Welt zu bringen sind, bleibt die Mutter eine fundamentale Figur.

Es ist so, lieber Rest der Welt, bei Müttern startet jede neue Biografie. Wir alle sind Kinder von Müttern. Geprägt durch sie. Die gesunde oder die beschädigte Bindung zu unserer Mutter hat mitgebaut am Wesen jedes Einzelnen von uns.

Womit wir bei der Macht sind, mit der Mütter ausgestattet sind. Darüber haben wir uns noch nie schonungslos ausgetauscht, liebe Frauen: Unsere Macht. Unsere Machtausübung.

Die Geschichte hat uns bis heute reduziert auf unsere Anstrengungen gegen männliche Dominanz und infolgedessen pflegen wir bis heute leider auch keine schonungslose Auseinandersetzung mit unserer eigenen Gewaltausübung.

Es gibt missbräuchlich gelebte Mutterschaft, es gibt sie in

verschiedenen Ausprägungen, es gibt sie in einer Vielzahl, die so schmerzlich ist wie jede männliche Gewalt.

Es liegt in der Natur der Sache, ein Mann, eine Frau bekommen nicht erst ein Kind, wenn sie selbst vollkommen heil, aufgeklärt, gesundet nach Traumata und ohne Schaden sind. Im Gegenteil, jeder Mensch gelangt in den Stand von Mutter- oder Vaterschaft, *während* er oder sie bewusst oder unbewusst mit verschiedensten Beschädigungen zu ringen haben. Das ist das ganz natürliche Leben, jeder hat was, jeder kaut auf was rum, jeder versucht irgendwie sein Bestes. Und mitten hinein bekommen Menschen ihre Kinder.

Warum sollten nun Frauen nicht genauso beschädigt sein wie Männer, deren Fehlern wir uns (notwendigerweise) schon so viel gewidmet haben? Mütter sind keinesfalls mit irgendetwas Besonderem ausgestattet, was sie automatisch segensreich für ihre Kinder macht.

Mütter können in ihrer Beschädigung, die sie von ihren Lebensohrfeigen davongetragen haben, gar nicht so selten ein massiver Schaden für ihre Kinder sein. Den wenigsten ist das bewusst.

Und die natürliche Symbiose, die die Natur für eine Frau mit ihrem Kind während der Schwangerschaft und Säugezeit vorgesehen hat, kann für die sich anschließende Beziehung dieser Frau zu ihrem Kind ebenso eine große Gefahr darstellen. Denn jede Symbiose ist temporär und trägt den Auftrag in sich, sie wieder aufzulösen. Was wir jedoch häufig tun, ist, den Zustand der Symbiose so lange zu halten, wie es nur eben geht. Weil wir gelernt haben und glauben, dass Mütter und ihre Kinder für immer einem

ganz besonderen Beziehungszauber unterliegen, dass Mütter im Zentrum unserer Biografien stehen (bleiben).
Die Exklusivität einer Mutter-Kind-Beziehung flößt uns ob ihrer Bedeutung bisweilen zu Recht Respekt ein. Doch wir vernachlässigen dabei die ebenso naturgegebene Folge aus dieser Beziehung, und das ist die Herausgabe; es ist die Herausforderung, unsere Kinder wieder herzugeben und in ihr eigenes Leben zu entlassen. Ohne Auftrag. Ohne Verpflichtung.
Bei diesem Thema kommt man regelmäßig aus der Puste. Ich auch.
Doch was ich hier gerne hinterlassen kann und möchte, ist folgende Erkenntnis, die ich als Tochter einer mächtigen Mutter, als kräftige Mutter selbst und als Familientherapeutin gewonnen habe:
Liebe Mütter, befasst euch im Sinne eurer Kinder und in eurem eigenen Interesse von Beginn dieser exklusiven Beziehung an mit dem Loslassen. Widmet euch dem Gedanken der Liebe in Anerkennung von Freiheit und dem Recht eures Kindes auf Ablösung. Widmet euch kritisch eurer eigenen Sehnsucht nach Verschmelzung, sobald es euch schwerfällt, der Selbstwirksamkeit eures Kindes zu vertrauen. Seid alarmiert, wenn ihr Bedürfnisse eurer Kinder zu euren eigenen erklärt, und seid wach, jederzeit, denn das mütterliche Festhalten ist oft gewaltig und manipulativ, es ist rücksichtslos und zerstörerisch – und verführerisch leicht zu verwechseln mit mütterlicher Sorge, gar mit Liebe.
Missbraucht eure Kinder nicht als Versorger, weil ihr euch selbst nicht gut versorgt fühlt.

Liebt eure Kinder, indem ihr ihr Innenleben *nicht* mit dem euren verwechselt.
Stillt eure Kinder und stillt sie wieder ab!

H wie Hummel

Die Hummel vor meinem Fenster, die sich immer den Schädel einhaut an der Scheibe, ist das eigentlich immer dieselbe?
Wie sieht dann deren MRT vom Kopf aus?

D wie Deutsche Bahn

Ein Bashing wird hier niemand von mir lesen, ich muss ja nicht als Soundsovielte aufschreiben, wie absurd unverständlich es ist, dass unser einst so erfolgreiches, fundamental relevantes Zugunternehmen derart unter die Räder (sic!) gekommen ist.

Ich will hier einen der großartigen Mitarbeiter dieses gestrauchelten Unternehmens würdigen, stellvertretend für die vielen weiteren, die täglich dem großen Frust mit Humor begegnen und damit das neuronale Überleben der vielen abhängigen Reisenden retten. Drunter mach ich's nicht, nein. Ich zitiere nun diesen Herren, den ich nur als Stimme aus dem Lautsprecher kennengelernt habe:

»Meine sehr verehrten, seufz, Fahrgäste, ich habe jetzt die nötigen Informationen einholen können. Unser Zug ist hier zum Halten gekommen, weil wir derzeit noch keine Einfahrerlaubnis in den Frankfurter Bahnhof erhalten. Dort sind zurzeit, seufz, keine Gleise frei. Warum das so ist, kann ich Ihnen im Moment nicht sagen, sobald ich neue Informationen habe, melde ich mich wieder. (Schweres Atmen) Ich danke für Ihr Verständnis.«

Minuten später.
»So, meine Damen und Herren, ich hab selbst nicht mehr damit gerechnet, aber wir fahren jetzt doch noch ein in den Frankfurter Hauptbahnhof. Die Anschlüsse, seufz, die ich Ihnen eben gesagt habe, können Sie alle komplett vergessen. Ich melde mich, wenn ich mich da schlaugemacht hab.« (Leicht irres Gelächter der Kollegen und Kolleginnen im Hintergrund)
Minuten später.
»So, meine Damen und Herren, wir erreichen in Kürze Frankfurt Flughafen – leider ist jetzt auch noch unser Gerät für die Informationen zu Ihren Anschlüssen ausgefallen, kann ja nicht immer alles klappen. Eine wichtige Durchsage für alle Einsteigenden: Hier, seufzzzz, handelt es sich um den ICE 722 nach Essen! Reisende, die ihren Zug nach München suchen, finden ihn heute auf Gleis 9 oder, seufz, sie fahren mit diesem hier gegen ihren Willen, seufz, nach Essen.«

Ich stehe in diesem Moment von meinem Schreibtischstuhl auf und verneige mich. Solche Charaktere retten unverhofft mein Leben.

M wie Mitreisende

Ganz anders diese Menschen hier: Fahrgäste in unmittelbarer Nähe meines DB-Sitzplatzes. Auf einer Strecke, auf einer langen Strecke von München nach Köln.
Ich zitiere aus meinen verzweifelten Mitschriften:

»Ich sitz jetzt drin. Guck ma auf die Uhr! Is auch losgefahrn jetz. Nee, ich hatte ja um 11:22 gebucht, so war der ja angekündicht, der ICE 623, sechshundertdreiundzwanzig, gib ma ein, was da jetz steht, ja 11:22.
Jetz hamwer … 11:43. Und fahren jetzt erst los. Prost Mahlzeit. Binnich ma gespannt, wann ich in Essen bin. Aachneeeee, jetz stehnwer wieder. Super. Nee, das fing schon an im Bahnhof, da ging dat ja schon los, da ham die ja schon gesacht, wir starten mit Viertelstunde Verspätung, wartema … der sacht grad was … Durchsage, wartema … onneeee, ich krieg die Krise, Verspätung von 28 Minuten, bis jetz ... ich melde mich, wennich in Duisburch bin. Dat kann dauern, merxe ja.«

Diese Dame am Telefon erzählte mir, vier Sitze entfernt, gut verständlich exakt meinen Reiseverlauf nach. Wir sol-

len im Hier und Jetzt leben, das haben Sie doch alle schon mal in Ihrer Atemgruppe geübt – mit dieser Art Liveticker flippt jeder Livecoach aus vor Glück: Sie erleben etwas und bekommen es im selben Moment erklärt. Hieriger, jetziger geht es doch gar nicht, ich sollte mich freuen.
Das Telefonat ist für dieses Buch stark eingekürzt. Natürlich ging es noch ausführlich um Reisealternativen, die das Gegenüber der Telefoniererin heraussuchen sollte, für den Fall, dass die Verspätung anwächst, um die Ausstattung des Bordbistros (»noch alles da, da binnichma gespannt, bis wann die abgefressen sind hier!«) und das Personal (»eeewich kein gesehen!«).
Es folgen nun meine weiteren Niederschriften während dieser langen Zugreise. Sie sollten meiner Psychohygiene dienen, sonst hätte ich eventuell jemanden in den Arm gebissen oder anderes getan, was man nicht soll.
Ich starte nun den Abdruck meiner Livemitschriften:

Seit Köln sitze ich inmitten von zwei Millionen telefonierenden Geschäftsreisenden, aufgrund der Überfüllung davon circa eine Million auf meinem Schoß auf Platz 61. Wir reisen kurzfristig durch Indien. Zwei Reihen hinter mir quietscht eine Dame unentwegt mit der ungeölten Fußstütze. Sie selbst trägt Ohrstöpsel und schaut eine Serie. Stabilen Kontakt zur Außenwelt hält sie wie gesagt durch quietschquietsch …
Gott sei Dank sind in Frankfurt sechs sehr gut befreundete höchst badische Badener dazugestiegen. »I verurdeile des, wenn im Auguscht de Leude scho Läbguche gaufe, ganz schlimm findi des.« – »Der Karschte hat am Diensch-

dag Geburtsdag un feiert am Donnerschdag, wolldi eich sage, bevor i's vergiss.« – »Da hadde mir e ganz wundrbars Middagesse ghett, also, da kriegsch wirkli Luscht, öfters hinzugähe!« (Ausschnitt)
Rechts neben mir wird ein Nackenkissen aufgeblasen. Und nun ist es irgendwem in direkter Nähe sehr viel zu warm geworden …!
Dem gut gekleideten Geschäftsmann aus der arabischen Welt gleich über den Gang neben mir ist soeben eingefallen, dass er seinem Geschäftspartner in Dubai jetzt noch etwas zurufen muss, die Verbindung stünde auch eins a ohne Gerät. Der Dubaier Gebrüllpartner handhabt es auf die gleiche Weise, sodass ich dem Austausch der Badener nicht mehr ungestört zuhören kann. Leider kann ich auch dem Geschäftsgespräch nicht folgen, denn ich kann kein Arabisch. Meinem Sitznachbarn konnte ich aber anmerken, es war eher ein einvernehmliches, erfolgreiches Gespräch, der Mann in Dubai fühlte sich seinen Lauten nach genauso wohl.

Den folgenden Dialog möchte ich Ihnen ebenso wenig vorenthalten, der hat regelrecht mein Bewusstsein geweitet:
(Ich, auf einem Einzelplatz sitzend, mit schwerem Herzen, werde angesprochen.)
Sie sind so schwarz angezogen, is was passiert?
Ja, ich fahre zu einer Beerdigung.
Oooh, ne schlimme?
Ja.
Verwandtschaft?

Nein, ein Freund.
… tja. Das stirbt nicht aus, ne? Da könnense sonstwas erfinden, aber das kriegen se nich weg.

Stopp! Sie, liebe Lesende, wollten sich gerade über diesen Herrn aufregen, weiß ich doch. Sie schütteln gerade den Kopf und murmeln auf die Buchseite: Herrgott, wie plump!
Das liegt natürlich nahe. Mich aber hat dieser Mann mit seinem überforderten Geplapper, nachdem er gleich mit der ersten Frage zu weit rausgeschwommen war, herzhaft zum Lachen gebracht. Und ich war wirklich sehr traurig zuvor.
Eine Frau Klammer würde ich gerne noch wissen lassen, dass, falls ihr Anwalt für den in Bälde anberaumten Prozesstermin aus irgendeinem Grund doch noch ausfallen sollte, ich ihre Verteidigung gerne übernehme. Der Advokat hat, hinter mir sitzend, seine Verteidigungsstrategie am Telefon durchdekliniert, ich weiß also bestens Bescheid, auch was Sie sich zuschulden haben kommen lassen, was ich hier ganz sicher nicht ausbreiten werde. Aber Sie sind ja vielleicht eine! … Sollte ich ausgerechnet dann verhindert sein, könnten ganz sicher mindestens acht weitere diesem Strategietelefonat Beiwohnende einspringen. Wir aus Wagen 14 Plätze 11 bis 30 sind alle tipptopp vorbereitet und würden Ihnen gerne helfen.
Was wirklich schade ist, und das wird einem erst bewusst, wenn man viel reist: Telefonierende am anderen Ende der Leitung sind nur ganz schlecht zu verstehen. Dafür gibt es einfach in so einem Waggon zu viele Nebengeräusche.

Manche Gesprächspartner schreien zwar ebenfalls in ihr Gerät, das kann man deutlich hören, und dank dessen bleiben doch manche Gesprächsfetzen hängen, aber es ist eben nicht deutlich genug, um das ganze Gespräch einwandfrei mitzuerleben. So bleiben immer wieder unbefriedigenderweise am Ende zu viele Fragen offen für ein Gesamtbild der Angelegenheiten, die da zur Sprache kommen. Daher wäre es für mich und viele interessierte Mitreisende eine große Geste, wenn Sie Ihre Telefonate gleich zu Beginn auf laut stellen würden, dann kann nichts missverstanden werden und zu Unmut im Abteil/Waggon führen. Danke.

Nachtrag:
Kaum hatte ich diese Bitte an Sie niedergeschrieben, wurde ich Zeugin ebendieser von mir vorgeschlagenen Lösung. Am reich frequentierten Flughafen (Reisesaison, Ferienende) praktizierte eine Frau inmitten einer Billion anderer Menschen, die auch nicht still ein Buch lasen, das, ich nenne es mal, Freitelefonat.
Das bringt uns leider doch gar nicht weiter.

R wie Reflexion

Häufig ist ja die Lösung für unser Miteinander das gegenseitige Ertragen. Was uns aber fehlt, wenn sich ein Konflikt als scheinbar unlösbar darstellt, ist Reflexion.
Uns fehlt die Infragestellung dessen, was wir selbst verfolgen. Du und ich.
Die Hinterfragung unserer Motive. Deiner und meiner.
Die Frage danach, welches Ziel ich anstrebe und wem es dienen soll.
Wenn wir Berechtigung und Sinn unserer Ideen bejahen, denn wir sind natürlich erst einmal Feuer und Flamme für unser Wollen, dann stellen wir sie danach zur Überprüfung nicht ausreichend infrage, über eine uns selbst befriedigende Wirkung hinaus.
Ich scheitere in einer Auseinandersetzung eher nicht am Vorschlag des anderen, den ich nicht teile, ich scheitere vielmehr an seiner Weigerung, seinen Vorschlag zu hinterfragen. Vice versa.
Wir können uns, egal in welcher Zusammensetzung, alle »Klärungs«-Versuche sparen, wenn wir nicht grundsätzlich das ganz wesentliche Werkzeug der Reflexion im

Handwerkskasten mitführen, es zur Anwendung bringen und dabei der Frage Raum geben wollen: Was, wenn es doch ganz anders ist?
Wie meinst du das?
Verstehe ich dich richtig, dass du Folgendes meinst …?
Warum meinst du das?
Was macht es dir so schwer, dich meinem Gedanken anzuschließen?
Welchen hast du stattdessen?
Was wäre, wenn ich dir folgen würde?
Du mir?
Oder gibt es eine Mixtur aus unseren Ideen, die Sinn macht?
Wenn nicht nur einer sich durchsetzen soll, sondern wir beide für die Lösung zuständig sind, wie könnte sie aussehen, wie finden wir den Kompromiss?
Wenn wir mit solchen Fragen in die Begegnung mit dem anderen gingen und dabei alle von der Lust an einer Lösung geleitet würden und niemand vom Rechthabenwollen, wenn wir uns fernhielten von Unterstellungen – ich springe gerade vom Schreibtisch auf und tanze vor Freude.
WÄR! DAS! GEIL!
Dann hätten wir's doch!
Hurraaaah!
Ich glaub, das isses! Spüren Sie es auch? Das Ding ist gelöst, ich flippe aus!

Hö?! Das war doch jetzt puppig einfach!
Da kommt doch gleich garantiert wieder einer und sagt, nee, Frollein, das Ding hapert aber gewaltig.

Menno. Ich mach Pause. Muss dringend den Kopf aus dem Fenster halten.

Was für eine Enttäuschung.

A wie Antworten

Ich wache ja morgens schon auf mit der ersten Frage im Kopf.

Kann Ihnen jetzt nicht genauer sagen, welche, jeden Morgen eine andere, und die erste Frage des Tages lappt ja auch noch so rüber Richtung Schlaf, sie ist eher eine Zwischenfrage.

Fest steht nur, der Ton in meinem Kopf des Morgens ist der eines Fragezeichens. Wenn ein Fragezeichen ein Geräusch machte, dann wäre damit der Sound in meinem Morgenkopf beschrieben.

Ja, logisch habe ich Fragen.

Ich lebe ja schließlich.

Und da hat man nach 60 Jahren, nach Ausbildungen, nach haufenweise Erfahrungen, nach Lektüren und Seminaren und trotz ausreichend Schlaf auf so manche Fragen einfach keine Antworten.

Die sind auch echte Biester.

Antworten.

Davon hatte ich schon so einige gefunden in meinem Leben, hatte sie in meinem inneren Schrank nach Themenfeldern einsortiert, alphabetisch, dann findest du sie schneller wieder, fühlte mich kurzfristig sicher, um dann, zu einem späteren Zeitpunkt, festzustellen: Tut's nicht mehr. Ablaufdatum überschritten.

Wir verwechseln ja gerne Unbeweglichkeit mit Zuverlässigkeit.

Auf den Peter kannste dich total verlassen, der wählt seit 30 Jahren SPD.

Meine Mutter wurde im hohen Alter, ich spreche von sehr hoch, Wechselwählerin.

Wenn ich mir sie von heute aus anschaue, bin ich dankbar um ein hohes Gut, das sie mir vorgelebt hat: ihre geistige Beweglichkeit, ihr Interesse an der Bewegung des Lebens, an stetiger Entwicklung. Sowie ihre Fähigkeit zur Infragestellung.

Meine Mutter saß am Ende ihres Lebens viel mit sich auf ihrem Sofa und blickte fragend auf ihr langes Leben zurück. Sie ließ mich miterleben, dass ihre konsistente Persönlichkeit nicht in sich zusammenfiel mit all den Fragen, die sie sich anschaute, sondern ich bekam die Ahnung, dass die Antwort auf unser Leben eine Frage ist.

Immer schon fühle ich mich sicherer bei Menschen, die Fragen haben. Deren Antworten empfinde ich als vertrauenswürdiger, weil sie durchfragt und somit gut geprüft sind. Fragende sehnen sich genauso nach Antworten wie andere, nur wissen sie, dass Antworten fluide sind und immer wieder aufgegeben werden müssen zugunsten neuer Fragen und neuer fluider Antworten.

Jetzt mögen Sie denken, die spinnt ja, die Stratmann, als gäbe es nichts Festes!

Und da haben Sie recht, ich halte wenig für absolut fest.

Einzig die Gleichwertigkeit aller Menschen weltweit, die halte ich für immer und alle für betonfest. Alles andere ist stets in Bewegung, auf genau dieser Grundlage.
Und das habe ich mir nicht einmal selbst so ausgedacht.

P wie Prägung

Während ich hier so sitze und Ihnen von meiner Mutter erzählt habe und Sie wie so viele, die meiner Mutter begegnet sind, voller Begeisterung sagen: Was für eine tolle Frau, so eine Eigenwillige, da hat die Cordula Stratmann aber Glück gehabt mit dieser starken Mutter.
Ja.
Hatte ich. Auch.
Von vielen unnötigen schädlichen Kämpfen abgesehen, die sie sich mit mir, als ich Kind und Jugendliche war, geliefert hat, kann ich heute sagen: Glück gehabt mit dieser Frau, sie konnte mir vieles zeigen; wie man es macht und wie man es nicht macht. Wie gesagt, weil sie eine Fragende war.
Während ich also hier sitze und mir wieder meine Mutter im Sinn ist mit dem, was sie mir vorgelebt hat, kommt mir eine Tatsache in selbigen, die eher nicht miterzählt wird, wenn es um starke Frauen geht:
Ich bin nicht eine freie, starke Frau, *weil* ich diese Mutter hatte. Lediglich auch. Denn in Teilen müsste man sonst sagen: trotzdem.
Trotzdem sie ein fehlerhafter Mensch war, trotzdem sie in

ihrer Fehlerhaftigkeit von ihrer Aufgabe als Mutter zu meinem Schaden immer wieder überfordert war, war sie eine Mutter, die mich reich ausgestattet hat. Zu meinem Reichtum als ihre Tochter gehören ihre Fehler so wie ihr Gelingen.

Echte Erzählungen gehen nie glatt aus, man ist nie so, weil … sondern immer weil und obwohl und weil andererseits.

Das verstanden zu haben, macht mich zu einem freien Menschen. Verstanden zu haben, dass meine Eltern Menschen waren, die ebenso wie ich gezwungen waren, ihr Leben und ihre Nöte zu bewältigen, hat in mir jeglichen Groll aufgelöst. Wie ein Befreiungsschlag war es, mich von dem kindlichen Wunsch zu lösen, sie wären auf ihr Leben besser vorbereitet gewesen als ich auf meines. Wir müssen alles selbst erforschen – von der Geburt bis zum Tod. Jeder Einzelne wieder neu.

Der andere prägende Teil auf meinem Weg zur unabhängigen Frau waren die männlichen Wesen in meiner Familie.

Ich habe nicht nur durch die vorgelebte Eindeutigkeit meiner Mutter gegenüber dummen, großspurigen Männern gelernt, sondern zu gleichen Teilen durch die Selbstverständlichkeit, mit der mein Vater und seine beiden Söhne, meine großen Brüder, ausnahmslos auf Herabsetzung von Frauen verzichtet haben. Ich bin mit Jungen und Männern groß geworden, die ihre männliche Entwicklung, ihren gesamten Werdegang gemeistert haben, ohne jemals Frauen und deren Wert infrage zu stellen. Ich habe keine Schwester vermisst, weil ich solidarische Brüder und einen Vater ohne Konkurrenzzwang hatte.

Und damit bin ich bei einem wesentlichen Faktor gelandet, mit dem jede Frau ihr ganzes Leben lang zu tun bekommt, einfach, weil sie Frau ist.

G wie Gleichberechtigung

Wie lange zerren wir nun schon an der Frage der Gleichberechtigung, an der Frage der gleichen Rechte für Frauen wie für Männer? Der Gleichwertigkeit?
Wie lange beantworten Frauen Fragen nach ihrer Mehrfachbelastung, während Männer die Managergehälter oder welche Gehälter auch immer, auf jeden Fall Gehälter, unbefragt nach Hause tragen?
(Ich werde gerade aus dem Stand bleiern müde.)
Wie viele Bücher haben Frauen über Frauenleben geschrieben?
Wie viele Kurse haben Frauen für Frauen veranstaltet, im Odenwald, auf Sylt, auf Mallorca, in Europa, in Asien, in sonst wo, in Volkshochschulen? Zur Stärkung von Frauen? Zu ihrer Ermächtigung?
Frauen für Frauen.
Wie viele Untersuchungen stapeln sich in Instituten und Verlagen als Unterlage für die Abbildung absurder Ungleichbehandlung von Männern und Frauen?
Wie lange schon?
Wie lange schon kommt keiner (oder bitte melden! Ich habe sehr gerne unrecht in dem, was ich hier schreibe)

auf die Idee, dass wir die nächsten 100 Jahre nicht vorankommen, wenn wir weiterhin glauben, dass Frauenleben ein Frauenthema seien? Das ist ja so, als würden wir die Behebung von Kinderarmut in die Hände der Kinder legen, dabei können das ja nur Erwachsene aus der Welt schaffen. Blödes Beispiel. Interessiert ja auch keinen.

Solange noch eine Frau auf die Frage, wie sie Kinder und Beruf vereint, antwortet, ihr Mann unterstütze sie dabei, können wir die ganze Chose wieder auf Anfang drehen.

Kaum ist der Satz in das Gerät getippt, hab ich schon wieder Kreislauf. Nasenwut. Da kommt erhitzte Luft raus, verbrennt mir fast die Nasenflügel.

Kein Mann *unterstützt* seine Frau im Zusammenleben mit ihren Kindern. Es sind *seine* Kinder. Es ist *sein* Leben. Und jeder Mann, der seiner Frau die Care-Arbeit (krieg ich sofort Aufstoßen bei dem Wort; es existiert doch auch nur, weil in unserem Land keiner so richtig weiß, wo gehört das denn nun hin, das Dings, das, wenn man Kinder versorgt? Würde familiäre Care-Arbeit als gesellschaftlich relevante Aufgabe erkannt und entgolten, könnte ich den Begriff eher akzeptieren …) überlässt, verfehlt sein Leben, weil er seine Verabredung mit seinem Kind nicht einhält und er sein Kind in der Konsequenz überwiegend vaterlos aufwachsen lässt.

Und noch eine Frage hätte ich.

Wie funktioniert das, dass zum Beispiel ein männlicher Hauptdarsteller bekanntermaßen heute noch häufig mehr Bezahlung nach Hause schleppt als seine weibliche Hauptrollenkollegin? Wie geht das im Detail?

Durch Tabuisierung der Gehaltsfrage? Immer noch? Lieber keine schlechte Stimmung machen (aufseiten der Frau) und haben (aufseiten des Mannes), ist ja eh nicht lösbar, wir haben das ja schon ewig versucht, tut sich ja doch nichts? Dann spielt die Rolle halt eine andere?
Es gibt hier und da vereinzelt männliche Kollegen, die zwingen Produzenten zur Gleichbezahlung der Kollegin, andernfalls gehen sie von Bord. Wie kann das sein, dass das bis heute Einzelfälle sind? Dass die Ungleichbezahlung, das Unrecht also, bis heute Standard ist? Wie kann das sein, dass für den, der von Bord geht, ein Ersatz gefunden werden kann, der nicht auch empört von Bord geht?
Was ist mit den Männern, denen das bekannt und nicht zutiefst unangenehm ist? Die das fortgesetzt (bedauernd und schulterzuckend, echt nett, wie wir denen leidtun) den Frauen selbst überlassen, ob an die Stelle dieses Unrechts endlich eine Berichtigung tritt?
Was stimmt mit den Männern nicht, denen als kultivierte Wesen ihre unberechtigten Privilegien immer noch nicht massiv zuwiderlaufen, die nicht selbst beschämt davon sind, wenn Frauen neben ihnen um Selbstverständlichkeiten kämpfen? Begeht ihr genauso schulterzuckend auch Fahrerflucht, geht es in euren Leben immer nur darum, nicht erwischt zu werden? Ernsthaft? Seid ihr euch nicht selbst zu blöd? Ihr habt doch immer so ein Ding mit Ehre. Hier nicht? Ihr ehrlosen Wegducker!
Tut mir leid, ich wiederhole mich, das merke ich ja selber, aber die eine Wiederholung mehr, nachdem wir diese Fakten immer und immer wiederholen, was soll's.

Ich habe einfach eine Stinkwut.
Mann, Mann, Mann!

H wie Humor

Was mich jetzt wirklich mal wirklich, wirklich interessieren würde.

Wie schaffen Sie das alles ohne Humor?

Das Leben, meine ich.

Nicht, oder?

Schafft man nicht. Keine Chance.

Ich würde aber tatsächlich *ein Mal* gerne wissen, wie es sich anfühlt, wenn man nicht zur Rettung albern werden kann, wenn man stattdessen so rumsteht im Leben und keinen Kicherreflex kennt.

Was machen Humorlose in der Zeit, in der ich etwas Lustiges wahrnehme oder, in Ermangelung dessen, es mir selbst ausmale? Wie fährt man in anderen Städten Bus, während ich mich in Köln mehrfach die Woche bestens unterhalten fühle von lustigen Mitmenschen, die sich mit mir das Albernsein teilen?

Auch wenn Sie das vielleicht nicht vermuten, Komikerinnen und Komiker sind außerhalb von Bühnen und Fernsehstudios vielerorts bestens flankiert von bumslustigen Leuten; wir beruflich Lustigen haben das Komische ja nicht erfunden.

Mir wird zumindest im Rheinland oft unter die Arme gegriffen bei der Gestaltung eines unterhaltsamen Alltags. Mein aktuelles Lieblingsbeispiel gebe ich Ihnen hier mal zur Kenntnis. Es hat sich genau so zugetragen, und ich streue es gern unters Volk, denn es macht einfach nur gute Laune.

Achtung, geht los:

Ich nehme im Bus Platz, schräg hinter mir eine mittsechzige, pausbäckige Passagierin auf dem Sitzplatz über dem großen Busrad, sie lässt die Beine baumeln, auf ihrem Schoß ihre Handtasche, auf der Handtasche ihre Hände abgelegt. Wie ein Vögelchen auf einem Zweig sitzt sie da und schickt ihren Blick in die Runde, schaut mal links aus dem Fenster, rechts auf den Gang, nach vorne in Fahrtrichtung und wieder links. Ganz präsent und alles im Auge. Hätte mir schon gereicht, mich wohlzulaunen, ihre Properheit.

Dann nimmt der Busfahrer Kurs auf unsere letzte Station, die Stimme aus dem Lautsprecher weist uns darauf hin: »Nächster Halt Waidmarkt, die Fahrt endet dort, wir möchten Sie bitten, auszusteigen. Danke.«

Und aus der properen Dame, die Mundwinkel breit, ist laut zu vernehmen: »Bitte!« – mit Beifall heischendem Blick in die Runde, mit dem man in Köln niemals hängen gelassen wird. Hier nimmt man, das gehört zum guten Stil der rheinischen Seele, zuverlässig das Kicherangebot eines Mitbürgers oder einer Mitbürgerin an und fällt, mindestens zu dritt, hier waren es fünf, in gänzlich unironisches, gänzlich unpeinliches Gelächter.

Bitte machen Sie sich einmal klar, was da stattgefunden

hat: eine Busfahrt. Niemand würde dieser Tatsache so etwas hinzufügen wie: Oh, das wird bestimmt lustig! Oder: Das wird mir sicherlich guttun. Oder: Ich bin mal gespannt, was ich da heute erlebe.
Und dann sitzt da mit Ihnen eine Mitbürgerin, die einen spaßigen Moment schafft, die einfach etwas Fröhliches von sich gibt und Sie mit erheitert. Wenn Sie wollen. Sie können auch diesen Brillanten vor der Nase liegen lassen, ihn einfach ignorieren, fühlen Sie sich frei, ob Sie misanthropisch über heitere Mitmenschen den Kopf schütteln wollen oder wahrnehmen, dass Sie gerade eingeladen werden zum Aufatmen durch Lachen.
Sie dürfen mich für rührselig halten, für ist mir egal was, in diesen Momenten mitten im Herumleben geht mein Herz ganz weit auf und ich könnte die ganze Welt umarmen. Ich fühle körperlich, dass da gerade etwas Gutes passiert. Weil ich einen vollkommen kampflosen, einverstandenen Moment geschenkt bekomme, der noch länger in mir nachwirkt. Und jetzt, da ich ihn erinnere, umarmt sie mich wieder, die gute Laune, die des Lebens Kundige hier in NRW gerne mal an andere weiterreichen, im Supermarkt, an der Ampel, in Bus und Bahn, überall, wo wir eine Weile miteinander herumsitzen oder -stehen.
Ich meine es zutiefst ernst mit dem Humor.
Ich bin ihm mein ganzes Leben lang schon dankbar. Die Bereitschaft, sich erheitern zu lassen und andere zu erheitern, fußt auf Eigenschaften, die alle und ausschließlich im Dienste des Miteinanders stehen. Heiterkeit als Begegnungsform wirkt mühelos und entkräftet jedes Gegeneinander. Weil sie das Herz prall macht, es hüpfen lässt vor

Freude, wenn wir uns lustige Angebote machen. Das ist, wie wenn wir dem anderen eine Leckerei reichen und sagen: Hhhmmmmm, probier mal, hab ich selbst gemacht, und ihm damit womöglich das Leben retten.

Ö wie Öffentliche Toiletten

Zuletzt auf einer Raststätte.
Die war ganz toll modernisiert.
Also, ich kam herein, und da hatte ein Sensor bereits meine Blase entleert. Ohne dass ich das bemerkt habe. Reinkommen, nicht mehr müssen, das sind jetzt die ganz modernen Toiletten. Aus Japan, glaub ich.
Du musst auch gar nicht mehr die Hände waschen, ist ja nix passiert.
Klasse.
Bis dahin waren die modernen Waschbecken ein Problem für mich.
Du musst bei manchen Exemplaren zum Beispiel mit dem Fuß unter der Konsole herumrühren, und dann knallt dir oben ein Wasserstrahl entgegen, dass du schlau bist, wenn du ein Shampoo dabeihast.
Es ist mir auch schon passiert, dass ich an einem Waschbecken dieser Art hantierte und flugs die Dame von rechts auffangen musste, die einfüßig das Gleichgewicht verlor und sich mit ihren nassen Händen nicht schnell genug festhalten konnte.

Denken Sie auch bitte daran, dass es immer wieder Modelle gibt, die möchten, dass man unter dem Spiegel an der Wand in der Luft herumfuchtelt, und gar nicht so selten stellt sich zum Beispiel in der Deutschen Bahn, während man in freier Fahrt auf dem halben Quadratmeter um festen Stand ringt, aus Wasserspargründen der Wasserstrahl so rasch wieder ab, dass man mit einer Hand durch Wedeln den Sensor in Stimmung bringen und mit der anderen recht erfolglos den Waschvorgang absolvieren muss, weil einem die wedelnde Hand doch sehr fehlt beim Entfernen der Seife.
Machen Sie nicht den Fehler, *zuerst* die Hände mit Seife zu benetzen und *dann* erst das Werben um Wasser zu beginnen. Für diese Fälle empfiehlt es sich, eine Flasche Mineralwasser mit sich zu führen, damit Sie, nachdem der Waschvorgang zunächst zielführend anmutete, ihn finalisieren können, wenn das Wasser gar nicht mehr zu aktivieren ist.

G wie Gleichgewicht

Ist! Das! Lustig!

Mannometer.

Ich sitze im Bordrestaurant.

Sie reiben sich die Augen: Wie, Bordrestaurant? Ich weiß, aber ich habe es hier gerade so angetroffen, wie es war, als noch alles ganz war bei der Bahn. Es gibt nicht das Geringste zu meckern, und ich kann somit hier und jetzt die nüchterne Beschreibung abgeben, dass ich im Bordrestaurant der Deutschen Bahn sitze. Rote Sitzbank, draußen fliegt das dämmernde Norddeutschland schneegepudert an mir vorbei, mein Laptop vor mir auf dem Tisch, exorbitant freundliche Mitarbeitende der DB sorgen für den guten Service, alles tutti.

Und jetzt wird's lustig.

Weil das, keine Widerrede, puppenlustig ist, wenn erwachsene Menschen im stoischen Bemühen, man möge ihren Kontrollverlust nicht bemerken, in 45-gradiger Schräglage durch einen Speisewagen fallen, während der ICE ohne Gnade Strecke macht.

Mit unerschütterlichem Ernst torkeln ausgezahnte, wahlberechtigte Mitbürgerinnen und Mitbürger den Gang zwi-

schen den Tischen, an einem ich sitzend, entlang! Die lachen dabei aber nicht nur nicht, sie versuchen, ihrer würdelosen Schräglage im dahinrasenden Zug mit Randloser-Brille-Ernsthaftigkeit zu trotzen. Indem sie ihrem Blick die Kompromisslosigkeit eines Mathematikdozenten verleihen, wollen sie dich davon ablenken, dass ihr einziger Lebensinhalt gerade darin besteht, nicht vor deiner Nase zu Boden zu gehen.
Die mit dem Sitzplatz schütten sich mit steinerner Miene ihre klebrige Cola auf die Hose und schmeißen Donauwellen durch die Gegend, während die eben genannten, auf ihr instabiles Schicksal Fokussierten, die sich zu Fuß durch den Speisewagen kämpfen, sich, wenn es für meinen Solarplexus richtig gut läuft, nicht mehr auf den Beinen halten können und ungestüm in Resten von Donauwellen auf Tellern von Sitzplatzinhaberinnen nebenan landen.
Ich sitze inmitten dieses blanken Vergnügens und scheitere krachend beim Versuch, aufmunternden Blickkontakt mit irgendwem herzustellen, denn sämtliche Mitreisenden verziehen ausnahmslos keine Miene!
Nochmal: Die genannten Schwerkraftopfer, allesamt bereits Gescheiterte, versuchen, einen Fuß vor den anderen, beharrlich den Plan von unstörbarer Routine durchzusetzen, dabei stoßen sie mit der einen Hüfte rechts an einen Tisch, mit der anderen streifen sie den nächsten, sie kippen im rechten Winkel auf den Scheitel eines Sitzenden mit Laptop, touchieren mit dem Ellbogen den Dutt einer anderen – und verziehen dabei keine Miene!
Verstehen Sie, liebe Leserschaft, wie so etwas sein kann?!

Denken die, wenn ich es ignoriere, dass ich gerade mit meiner Arschbacke eine Handtasche vom Tisch fege, dann hat es nicht stattgefunden?
Die Inhaberin der Handtasche hat übrigens ihre Tasche ohne zu zucken aufgehoben, die hat quasi der Runterschmeißerin signalisiert, okay, wir haben einen Deal, du hast deine Arschbacke nicht unter Kontrolle, ich behebe den Schaden und die letzten Sekunden sind aus der Menschheitsgeschichte gelöscht.
Und abends gucken die aber *Uuups! Die Pannenshow*? Die wiederum gucke ich nicht, ich schmeiß mich ja im Speisewagen weg, wenn einer mit dem Löffel Chili con Carne seinen weit geöffneten Mund nicht findet.

V wie Väter

Mit der Zeugung eines Kindes treffen Väter eine fundamentale Entscheidung, und zwar die zur Vaterschaft. Ich weiß, es ist verstörend, was ich hier als große Aufklärerin schonungslos in die Tasten haue, mit sowas rechnest du ja nicht.

Bisher hatten wir das so geregelt, dass Frauen über Mutterschaft referieren, streiten, heulen, besoffen vor Glück und/oder unglücklich, wenn nicht überfordert sind – und so zentral wie Mütter für ihre Kinder nun mal sind, kann man ja die Bedeutung von Vätern auch vernachlässigen. Zudem Väter wirklich viele, viele Hammerjobs machen: Kliniken leiten, Forschungen vorstehen, Abgaswerte manipulieren, Harley fahren, Städte planen, Kriege beginnen, die Liste ist lang. Dass man da nicht präsent sein kann, wenn der Sohn im Kindergarten die erste Liebe findet, nachts albträumt oder stolzer Fußballer oder Tänzer wird, wenn die Tochter in die Magersucht rutscht, Fußballerin oder Tänzerin wird oder Interesse ausgerechnet an Dieselmotoren (Scherz!) entwickelt, ist ja nur zu logisch.

Was nun?

Ich habe da ein paar wirklich ernst gemeinte Fragen an

euch Väter, die sich täglich davonmachen. Es gibt die anderen, die neuen auch, das geht nicht an mir vorbei. An die bewussten Väter habe ich infolgedessen auch nicht die Fragen, die ich hier nun folgen lasse. Sie sind adressiert an die, die sich bis heute fürs Fehlen entscheiden.
Was genau passiert in euren Köpfen und Herzen, in den Momenten, wenn eure Frau erschöpft und heulend die Mehrfachbelastung anspricht, wenn ihr das geringe Einkommen eurer Frau auf dem Konto eingehen seht, wenn die Mutter eurer Kinder neben euch ins Rödeln kommt, wenn die Kita wieder geschlossen bleibt und ihr Arbeitgeber (ich vermute, männlich) sein Zähneknirschen lauter dröhnen lässt?
Warum wollt ihr nicht aus eigenen Stücken, dass es der Mutter eurer Kinder gut geht?
Wie sorgt man für derartiges Desinteresse, wenn man mit Müttern das Bett teilt, die *sagen* und *zeigen*, dass ihnen die Aufgabe, vor der ihr kneift, über den Kopf wächst, wenn ihr morgens die Beine in die Hand nehmt, um in euer Berufsleben außerhalb von komplexer Beziehungsentwicklung mit eurem Kind zu flüchten?
Wie funktioniert das in dir, Vater, wenn du deine Kinder verlässt, weil du mit ihrer Mutter nicht mehr zusammenleben möchtest? Wie richtest du das in dir ein, dass es dir vollkommen wurscht ist, in welcher prekären Situation du deine Tochter, deinen Sohn mit ihrer alleingelassenen Mutter, die du selbst für deine Kinder ausgesucht hast, zurücklässt? Wie machst du das, dass es dir nicht *immerimmer* am Herzen liegt, wie es deinen Kindern geht, wie kriegt man das hin?!

Wie entsteht die Idee in deinem Kopf, dass es nicht dein Zuhause sei, wenn du von der Arbeit kommst? Wie begründest du deine Verweigerung der Tatsache, dass du zuständig bist, und zwar für alles, was du ab dem Zeitpunkt deines Betretens der Wohnung vorfindest?
Haushalt kann man aufteilen, Autofahrten auch, ich fahre hin, du zurück, man kann vieles aufteilen, aber doch nicht deine Vaterschaft!
Die hast du *immer* zu 100 Prozent.
Was hast du denn gedacht? Von 8.00 Uhr bis 9.00 Uhr Vater sein beim Kind-in-die-Kita-Bringen, danach Zahnarzt, Steuerberater, Mathelehrer, Dachdecker, aber kein Vater?
Was ist los mit euch Männern?
Ist das eine schwere, irreparable Diagnose, eure Ignoranz?

T wie Triggern

Was ich nicht wusste, oder vielleicht muss ich sagen, was vollkommen an mir vorbeigegangen war, ist die Entstehung der Überzeugung, dass Menschen grundsätzlich von derart zarter Natur sind, dass man sie immer und überall vor immer und über allem warnen und an der Hand über die Straße führen muss. Dass es den überlebenswichtigen Bedarf an der Einrichtung von Triggerwarnungen gibt.

Wann war ich die zehn Minuten im Badezimmer zum Zähneputzen, als alle anderen die Verabredung getroffen haben, dass brenzlige Momente ab jetzt grundsätzlich mit Triggerwarnungen versehen werden müssen? Wie ermitteln die Verabreder für Triggerwarnungen außerdem, wann es für den einen oder die andere überhaupt brenzlig wird?

Bevor ich ins Bad zum Zähneputzen verschwand, dachte ich so: Wenn, sagen wir mal, auf der Straße jemand hinfällt, muss man schnell zu der Person hineilen, um ihr zu helfen, je nach Verletzung einen Krankenwagen holen, sie beruhigen, ihr auf die Beine helfen, sowas.

Ich muss um Verständnis bitten für die Ungnade meiner frühen Geburt, dass ich bis heute nullkommanull auf dem

Schirm hatte, was es für jemanden bedeutet, der das Hinfallen gesehen hat und infolgedessen für den Rest seines Lebens vollkommen aus dem Lot ist! Wie außerstande zu helfen einen nur die alleinige Vorstellung macht, dass das, was man da irrtümlich und ungerechterweise zu sehen bekommen hat, einem ja auch selbst zustoßen könnte. Sowas wirft dich aus der Bahn. Wissen alle, die kein Herz aus Stein haben. Ich jetzt auch.
Die folgenden Zeilen schreibe ich mit geschlossenen Augen, weil es mich selbst so fertigmacht, was ich hier für ein heißes Eisen anpacke: Wenn man durch den Anblick eines hingefallenen Verletzten an ein eigenes zurückliegendes Hinfallen erinnert wird! Wie man dalag! Mit Nasenbluten. Oder aufgeschürfter Hand, aufgeschlagenem Knie, all das!
Deshalb möchte ich an dieser Stelle an alle meine Lesenden appellieren: Bitte fallt nicht mehr unbedacht irgendwo hin! Ihr könnt dabei gesehen werden und so heftige Erinnerungen, Retraumatisierungen auslösen, das kriegen wir irgendwann gesellschaftlich alles nicht mehr eingefangen. Weil ich mich selbst aus meiner Blauäugigkeit herausbewegt und eingesehen habe, dass wir uns ständig gegenseitig warnen müssen und verstehen, wenn jemand neben uns fast zugrunde geht, weil überfordert von … das kann auch einfach mal ein scharfer Wind sein, mit dem der- oder diejenige nicht gerechnet hat; weil ich also echt richtig kapiert hab, wie gefährlich und somit unzumutbar unser Leben ist, war ich einfach nur absolut dankbar, als unser Sohn zuletzt mit einer Triggerwarnung aus der Schule heimkam. Und ich scherze leider nicht, wenn ich

für Sie jetzt aus der Schule-Schüler-Kommunikation sinngemäß zitiere: Die Schülerinnen und Schüler der 12. Jahrgangsstufe wurden im Vorfeld einer zusätzlich angesetzten Verkehrserziehungsstunde (wegen erhöhter Unfallzahlen bei E-Roller-Nutzung in dieser Altersstufe) darüber informiert beziehungsweise triggergewarnt, dass es möglicherweise auch um Verletzte und Verkehrstote gehen wird.
Ich hätte den fast daran teilnehmen lassen!
Ich habe daraufhin unserem Sohn sofort eine Entschuldigung geschrieben, weil ich ihn in seinem unbeschwerten Leben definitiv nicht damit belastet sehen möchte, dass es Verletzte und Tote außer in Spielfilmen, die ich grundsätzlich mit ihm zusammen anschaue inklusive Augenzuhalten, auch im realen Leben gibt. Der weiß doch von sowas nichts! Der wird von mir morgens geweckt, geputzt, gefüttert, weil er sich sonst auf die Zunge beißt, und bis er das Haus verlässt, habe ich von meinem Kontaktmann beim Verkehrsamt Köln-Mitte alle Minutenverläufe der großen Kreuzungen, die auf seinem Schulweg liegen. Erst dann entscheide ich, ob ich ihn bringe oder das Risiko eingehe, dass er mit seinen Freunden, die zudem eine stetige Ansteckungsgefahr darstellen (!), den Bus nimmt.
Vielleicht hat er ja Glück und wird bis zu seinem Lebensende (hier wäre ich gerade gerne erstmal von mir selbst gewarnt worden, dass ich die Endlichkeit meines Kindes thematisiere, das war gerade absolut brutal für mich, ich muss kurz unterbrechen, wenn so etwas passiert, soll ich immer direkt Bachblüten nehmen) nie einen Verletzten sehen müssen. Dann hätte ich ihn ja vollkommen überflüssigerweise an dieser Unterrichtsstunde teilnehmen las-

sen, wo diese winzigen Kinder im Alter von 17 Jahren total ungeschützt über Gefahren im Straßenverkehr angeblich »aufgeklärt« werden und in Wahrheit jedoch reihenweise in eine Traumatisierung rattern.

Bald macht er den Führerschein. Aber das werde ich ihm noch ausreden.

L wie Langeweile

Die Langeweile ist ja viel gehasst von denen, die daran leiden, kommt aber sehr gut bei denen weg, die in Talkshows sitzen und erzählen, dass sie nach Langeweile in der Kindheit ebendeshalb Autor, Malerin, Schauspieler, auf jeden Fall was extrem gelungenes Kreatives geworden sind. Und dass sie, seufz, jetzt so irre beschäftigt sind, weil so dermaßen nachgefragt, dass ihnen, beinahe heul, die Zeit für Langeweile fehlt! In diesen Talkshows fallen dann alle anderen krass kreativ Gewordenen ein mit ihren Erinnerungen, welche Kunst schon aus ihrem siebenjährigen Alter Ego herauswollte, damals in Momenten von Langeweile. Applaus, Zustimmung, kreatives Einvernehmen, während die Zuschauenden in ihren Wohnzimmern, die ihr Sofa nicht neben einer Staffelei oder einem Eimer mit Batikfarben stehen haben, sich fragen, warum ihnen als Kind einfach nur elend langweilig war und warum denn bloß aus ihnen nichts geworden ist als nur ein Mensch, der sich mit Schaudern an seine kindliche Langeweile erinnert.

Ich bin so eine. Obwohl aus mir eine krass Kreative, sogar eine der Improvisation Verfallene geworden ist, kann ich

die Depression, die mich als gelangweiltes Kind in den Würgegriff nahm, sofort wieder mit Händen greifen.
Nichts, kein tolles Bild, keine ersten Zeilen, die zeigen, wie sprachgewandt ich mich später entwickeln würde, kein selbst geschneidertes Irgendwas, gar nichts habe ich im Zustand der Langeweile zustande gebracht.
An einen Versuch als Friseurin kann ich mich erinnern. Das dauerte nicht lange, innerhalb von maximal fünf Minuten hatte ich meiner Puppe die Haare abgeschnitten, von meiner schimpfenden Mutter erfahren, dass die nicht mehr nachwachsen für nächste Haarschnitte, und war danach wieder in das Siechtum eines gelangweilten Nachmittags gefallen.
Ich habe auch mal mehrere fast tödlich verlaufene Sonntage als Zeichnerin der unserem Balkon gegenüberliegenden Balkone im Innenhof verbracht, am kleinen Schreibtisch meines Bruders. Und bei jedem Strich mit dem Buntstift wusste ich deprimierend unverhohlen, dass das hier einfach nur gänzlich sinnlose Beschäftigerei war. Ich konnte dem Ergebnis auf dem Blatt ja ansehen, dass es nicht einmal mit großer Einbildungskraft abbildete, was sich realiter an Balkonen vor meinen Augen zeigte. »Kunst Vier« folgte aus dieser Tätigkeit, keine Eins, wie die Talkshowgäste bei Schilderung ihrer vergleichbaren würdelosen Zeittotschlägereien gerne anteasern.
Meine eigenen leidvollen Erfahrungen mit Langeweile lassen mich skeptischen Abstand nehmen bei der Schilderung eines gelangweilten, in Sekundenschnelle kathartisch überglücklichen Kindes, das nun verbunden mit seiner schöpferischen Kraft im zuvor trostlosen Moment

eine Quelle des Glücks entdeckt, und zwar so nachhaltig, dass wir heute, geladen bei Moderatorinnen und Moderatoren unseres Landes, einen Menschen vor uns haben, aus dem der Erfindungsreichtum nur so herausdrängt.
Wissen Sie, was ich glaube?
Dass nur in dem einen oder anderen Fall aus der Langeweile eines Kindes tatsächlich etwas Primaes (Primanes? Wie heißt das denn, wenn »prima« ein Hauptwort werden soll, verdorri?) entstand und dass viele, die das jetzt lesen, mir aufseufzend zustimmen. Ich glaube, dass das Lob auf die Langeweile einfach nur verwechselt wird mit dem Lob auf das Nichtstun. Es heißt doch *dolce far niente*, süßes Nichtstun, und nicht *dolce annoiarsi*. Ha capito?
Ah, herrlich. Nichtstun. Wolken ziehen lassen und schauen, welche Gestalt sie annehmen.
Liebe Lesende, ich verwette mein Gesäß auf die Vermutung, dass niente farende, Wolken beobachtende Kinder dieselben Erwachsenen, die die Erfolgstheorie der Langeweile so faszinierend finden, äußerst nervös machen. Diese rütteln am Träumerkind und schreien es an, dass es erst mal reinhauen soll, dass sein Träumen einen unaufholbaren Zeitverlust auf der Rennstrecke zum erfolgreichen Menschen bedeutet. Dabei tut das Kind, das gerade nichts tut, unter anderem deswegen gerade nichts, weil es darüber nachdenkt, wie ein Schmetterling einem anderen den Arm ausrenkt, die haben doch nur Flügel. Vielleicht rütteln Sie da gerade an einem angehenden Forscher, der die Erkenntnisse über den Schmetterlingseffekt demnächst auf ein neues Niveau hebt.

Was ich aber sagen wollte: Das Kind mit der Langeweile hat nur einen Gedanken: Ich könnte sterben vor Langeweile!

G wie Geschenke für Geschwisterkinder

Kinder sind toll.
Man kann denen einfach alles Mögliche beibringen. Sie kommen als leerer Schrank auf die Welt und die Eltern können dann lauter Zeug in sie reinräumen.
Das ist in vielen Fällen sehr bedauerlich, ich glaube mittlerweile immer häufiger: Würden Kinder nicht so stringent von Erwachsenen dabei gestört, sie hätten aus eigenen Stücken eine gute Chance, zu aufgeklärten, sozial kompatiblen Gemeinschaftswesen heranzuwachsen.
Nun ist es aber leider so, dass unermüdliche Eltern einen Wertekanon haben, den sie zwingend im Kind verwirklicht sehen wollen.
Und dieser ist nicht einfach nur geleitet von der Einhaltung unseres fantastischen Grundgesetzes, in dem nahezu alles verhandelt und niedergelegt ist, sondern Eltern haben viel eher eine eigene Liste von Unabdingbarkeiten, die ihr Kind zu verinnerlichen hat. An der Spitze auf den Plätzen 1 und 2: Selbstbewusstsein und Durchsetzungskraft. Wieder andere Eltern wünschen sich für ihr Kind Durchsetzungskraft und Selbstbewusstsein.

Ganz wichtig für Eltern: Die wollen keine Schlappschwänze. Ein schüchternes Kind ist für Eltern so beleidigend wie ein gebrauchter Nissan statt dem Porsche Cayenne.
Die kleine Lena, der kleine Till, sie sollen sich niemals und nirgends jemals von irgendwem die Butter vom Brot nehmen lassen.
Ganz wichtig: Immer Butter auf dem Brot, die genau dort verbleiben soll.
Eine schwere Kränkung für viele engagierte Eltern ist zum Beispiel die Vorstellung, ihre Stella oder ihr Ben würden einen Moment von Nichtbeachtung in Kita oder Schule einfach so durchwinken und zur Tagesordnung übergehen. Für Stella zum Beispiel wäre also beim Nachtisch kein vierter Nachschlag mehr da, weil die Anna gerade zuvor den letzten Löffel abbekommen hat, und anstelle einer Nachschlagforderung, die auf eine spätere Simone de Beauvoir hindeutet, würde Stella ohne Protest in die Spielecke gehen und dort neuen Zeitvertreib suchen.
Das wäre deshalb für Markus (Vater) und Lisa (Mutter) so unerträglich, weil solch ein Verhalten ein Scheunentor öffnet in die Welt des Kompromisses. Natürlich brauchen wir für eine Welt ohne Kriege immer auch Kompromisse, aber die muss ja nun nicht unbedingt *mein* Kind eingehen. Jetzt mal ernsthaft, sind ja genug andere Kinder da fürs Losertum.
Windräder nicht in unserem Ort.
Mein Kind wird ein Leader.
Und damit kannst du gar nicht früh genug anfangen, sonst wird das in der Kita so eine Flasche wie die Lena, die sich

den letzten Löffel Nachtischnachschlag vor der Nase wegmampfen lässt.
Dein Kind soll dir im Biosupermarkt an der Gemüsetheke schon im Alter von zwei Jahren sagen können, ob die Familie abends Zucchini oder Möhren zu essen bekommt. Zur Not stehst du dafür fünf Minuten anderen Kunden im Weg herum, weil es dem Kind (2) vollkommen egal ist. Ihm fehlt zudem in seinem Alter (2) der Überblick über das gesamte Gemüseangebot im Monat Mai und auch Rezepte hat es nicht alle im Kopf. Du musst es also vor der Gemüsetheke immer und immer wieder fragen, bis du zum Schluss dann doch bemerkst, dass es vielleicht nach acht Minuten Befragerei des Kindes (2) gut wäre, wenn du das entscheidest. Dann vergiss aber bitte am Ende nicht das »Okay?«, mit dem das Kind (2) deine Wahl noch abnicken muss.
Und so machst du das den ganzen Tag. Und morgen wieder. Natürlich ist das kein Zuckerschlecken, für niemanden, aber wie sonst soll dein Kind ein entscheidungsstarker Leader werden, wenn du mit ihm das Entscheiden nicht einübst?
Auf dem Spielplatz: Was hältst du denn davon, wenn wir jetzt mal nach Hause gehen, hm? Okay? Im Reisebüro: Wo sollen wir denn mal hinfliegen, nach Gomera oder willst du lieber nach Skandinavien?
Tierisch aufpassen müssen Eltern, und nun komme ich zum eigentlichen Thema, wenn es um die Geburtstage ihrer Kinder geht.
Seifenglatt, die Lage!
Allein die Ungleichzeitigkeit.

Den Vorwurf muss man allerdings auch ein bisschen der Natur machen: Nicht alle Geschwisterkinder haben am selben Tag Geburtstag. Eltern sind in solch einem Fall monumental gefragt. Es besteht jederzeit das Risiko, dass ihre Tochter an einem Tag Geburtstag hat, der Sohn aber an einem ganz anderen.

Und jetzt Obacht!

Unbedachte Eltern sagen womöglich am Geburtstag des Bruders dessen kleiner Schwester, dass sie an einem anderen Tag im Jahr gefeiert wird und heute nur der Bruder dran ist.

Okay, die Dussligen unter uns könnten jetzt denken, ist doch auch was Schönes, wenn du lernst, dass du mal nur jemand anderem einen schönen Tag machen sollst, mehr nicht. So richtig naive Pazifisten, die es, seien wir ehrlich, sowieso nie ganz nach vorne schaffen, denken womöglich, es wäre gut, wenn Kinder auch lernten, mal von sich selbst abzusehen. Die Raffer aber wissen: Du kannst nicht früh genug damit anfangen, deinem Gewinner-Kind beizubringen: Ich bin nie *nicht* dran! Capito?!

Ist das jetzt hinreichend klar geworden: Beim Geburtstag von Janosch *muss* seine kleine Schwester Pia ebenfalls ein Geschenk entgegennehmen. Nicht nur von den Eltern, von jedem!

Anderenfalls Trauma.

Wenn Sie hier nicht hellstwach aufpassen, was absolute Gleichbehandlung anbelangt, reichen Sie ihr benachteiligtes Kind direkt durch in die letzte Reihe, aus der es nie wieder nach vorne gelangt. Oder in die Drogensucht. Kinder, die früh schon derart missachtet werden, gehen, so-

bald sie laufen können, schnurstracks durch zum Dealer am Hauptbahnhof. Ich will den Teufel nicht an die Wand malen, aber ohne Geschwistergeschenk wird Ihr Kind unweigerlich an der Nadel hängen und schlussendlich beschaffungskriminell im Knast landen.
Und jetzt: Hauen Sie rein! Herzlichen Glückwunsch, Janosch und Pia!

T wie Teenager

Teenager steht am Kühlschrank.
Mutter: Schenkst du mir bitte auch ein Glas Wasser ein?
Teenager, beim Eingießen: Budapest. Ist die Hauptstadt von Ungern.

E wie Elternschaft

Wir haben *eine* Kernaufgabe, wenn wir Kinder »erziehen«, wenn wir sie bis zu ihrer vollständigen Ablösung von uns auf diese Welt vorbereiten und zu einem teilhabenden Mitglied der Gesellschaft prägen wollen; wenn wir unsere Kinder eines Tages halbwegs krisenfest in ihr Eigenleben entlassen wollen, brauchen sie dies von uns:

Du trägst alles in dir, damit dein Leben gelingt. Ich vertraue dir.

Das ist die Grundnahrung, die wir unseren Kindern zu geben haben. Davon müssen wir überzeugt sein, das ist unsere Elternpflicht, damit Kinder einen Zugang zu ihrer Kraft und Selbstwirksamkeit entwickeln. Damit sie Menschen mit einer Selbstwahrnehmung werden, mit der gesunden Selbsteinschätzung ihres Gelingens genauso wie ihres Scheiterns, damit sie auf dieser Grundlage verantwortliche Menschen werden, die ihren Anteil im Gemeinwesen erkennen und ihr Leben und somit die Welt, in der sie leben, mitgestalten.

Wie gelingt das?

Es ist das Gegenteil der Haltung, die wir haben, wenn wir uns, ein Beispiel, bei den Hausaufgaben neben sie setzen, wenn wir uns zu Wächtern ihrer Schulnoten machen, wenn wir überhaupt Elternschaft als Wächteramt verstehen. Vielleicht wird aus Ihrem Sohn ein Einser-Kandidat, wenn es Ihnen gelingt, ihm so viel Angst zu machen, dass er diese Angstkraft in das Verfolgen guter Noten einsetzt, und eventuell studiert er danach mit guten Noten BWL oder Jura.

Diese Geschichten gibt es, viele. Dieser spätere Jurist oder BWLer mit Managerposten und ohne Geldsorgen (so einen Sohn haben Sie sich ja gewünscht, damit Sie beruhigt aufatmen können) steht dann eines Tages hinter seinem Sohn oder seiner Tochter und treibt sie an zu besten Noten, weil sie sonst einpacken können. Vielleicht geht das auch nochmal gut. Wahrscheinlicher geht dieses seelenlose Leistungsmodell, angetrieben von ängstlichen Eltern, die verzweifelt auf Kontrolle setzen, weil sie Vertrauen für das falsche Mittel in der Verbindung zum Kind halten, genau deshalb gründlich in die Hose.

Wie gesagt, es gibt diese eine elterliche Pflichtaufgabe, aus der alles andere folgt: Vertrauen.

Nur mit Vertrauen werden aus Kindern vertrauenswürdige Erwachsene. Die anderen werden Trickser. Leugner. Feiglinge. Die haben das Durchkommen gelernt, vor allem aber leben sie selbst auf der Grundlage von Misstrauen, worauf sonst?

Aus Misstrauen entsteht Misstrauen. Vertrauen weckt Vertrauen.

W wie Würde

Was ist das: Würde?
Könntet ihr sie beschreiben?
Fühlt ihr euch würdig?
Sucht ihr sie manchmal, eure Würde? Und wo verortet ihr sie?

Wenn in Artikeln oder Berichten von Menschen in schwierigen Lebenssituationen die Rede ist, hören wir nicht selten die Klage: Man hat sie ihrer Würde beraubt, diese armen Menschen.

Immer wenn ich diesen Satz höre, regt sich Abwehr in mir, ein Unwohlsein: Was sagt er / sie da? Das ist nicht richtig, sagt mir mein Empfinden.

Niemand kann irgendwen seiner Würde berauben. Ebendas steht in niemandes Macht. Die Würde entzieht sich jeder Manipulation, jeder Machtausübung, sie ist unantastbar.

Es hat einmal jemand in einer Diskussion den wuchtigen Satz in die Runde geschleudert: »Ha, Würde musst du dir leisten können!« Er war erbost in seiner Weltsicht des Ihr-da-oben, Wir-da-unten. Und hat die Würde gleich mit in den Topf gekürzter Sozialleistungen geworfen.

Hat gedacht, wer ihm seine Mittel kürzt, kürzt ihm seine Würde.
Ich glaube, das ist ein Problem, wenn wir einander und vor allem uns selbst so anschauen. Wir glauben ernsthaft, wir hätten es einmal mit würdevolleren und ein anderes Mal mit würdeloseren Menschen zu tun, abhängig von ihrem Status und den Mitteln, mit denen sie ausgestattet sind.
Unwahr ist das.
Unsere Würde unterliegt keinem Außen. Sie ist in uns angelegt, einem Zugriff, gar Raub unzugänglich. Es sind meine Bedingungen, die sich verschlechtern können, nicht meine Würde. Und wenn ich mein Haus aufgeben und in eine Wohnung ziehen muss, gebe ich damit lediglich mein Haus her, nicht meine Würde.
Ich habe einen Freund, der eines Tages entschied, dass er der Realität Rechnung tragen und den Überlebenskampf als Selbstständiger nun aufgeben wird. Ohne Lärm und ohne Klagen hat er die Stelle eines Hausmeisters in einer Einrichtung angenommen und erzählt seitdem lediglich von neuen Aufgaben, vom veränderten Leben, nicht ein einziges Mal davon, welchen Statusverlust er erlitten hat. Nicht ein einziges Mal schaue ich ihn mitleidig an und denke heimlich, es sei erniedrigend, dass er von seinem geschätzten erlernten kreativen Beruf Abschied nehmen musste, um gemeinsam mit seiner Frau die Familienversorgung zu sichern.
Sie dürfen mich in aufgebrachten Lesermails eines Besseren belehren, aber bis dahin habe ich die Vermutung, dass das mit Würde zu tun hat: wenn ich mich meinem Leben

und den Aufgaben, vor die es mich stellt, widme und wenn ich daran nicht meinen Wert hefte. Wenn ich ihn nicht höher oder niedriger einschätze, sondern ganz in Ruhe lasse, mein Wert ist mein Wert. Und deiner ist deiner. Ich kann ihn nicht steigern und kann ihn nicht mindern.
Auf welche Weise wir unsere Würde in uns tragen, ob wir sie womöglich vergessen haben oder ob wir sie opfern, entscheidet nicht unser Status, und auch niemand, der uns auf einen Posten hebt oder von ihm entfernt, sondern wir selbst.

Wann ist die Würde eines Menschen spürbar und wann scheint sie gar nicht vorhanden zu sein?
Dienstleisterinnen und Dienstleister sind in meiner Aufzählung Würde ausstrahlender Menschen viele dabei. Als ich noch wider besseres Umweltgewissen mit der MS Europa als Künstlerin an Bord (meine Ausrede) gereist bin, wurde ich Zeugin manch würdelosen Verhaltens von Gästen, mit dem sie auf beschämend souveräne Menschen des Dienstpersonals trafen.
»Unsere Würde geben wir selbst her«, las ich jüngst in einem Interview, das Sylvie-Sophie Schindler für die *Galore* mit Gerald Hüther führte. Der Mann hat der Würde ein ganzes Buch gewidmet. Und wie machen wir das, wenn wir unsere Würde hergeben?
Kennen Sie den Moment der Selbstwahrnehmung, wenn Sie peinlich berührt von sich selbst aus einer unangenehmen Situation herausgehen? Oder wenn die peinliche Berührung sich etwas später einstellt, beim Reflektieren des Moments, der irgendwie schiefgegangen ist?

Vielleicht hilft es Ihnen, wenn ich Ihnen sage, ich kenne ihn. Es sind immer Momente, in denen mein Ego die Führung übernommen hat. Solche, in denen »Mit mir nicht!«-, »Jetzt reicht's!«-, »Was glaubt der Idiot, wer er ist!«-Reflexe einem vorgaukeln, es wäre ein Akt der Selbstermächtigung, wenn man sich in ebendiesem Augenblick aufbäumt und endlich mal Klartext spricht.
Der Begriff Klartext könnte falscher nicht sein. Zu Klarheit gehört unser Bewusstsein, das wir im Moment des Reflexverhaltens nicht griffbereit haben. Eine fehlerhaftere Selbsteinschätzung als die, die uns unser Ego einflüstert, können wir nicht haben, und immer dann, wenn wir unsere Klauen ausfahren und unsere Bedeutung verunmissverständlichen (haben Sie ein besseres Wort?) wollen, haben wir im selben Moment unsere Würde geopfert. Weil unser Ego sich nicht auskennt mit Souveränität.
Unserem Ego fehlt es an Intellekt, an Eleganz, und gänzlich fehlt es ihm an der Fähigkeit zur Einschätzung der Realität.
Wer sind die Menschen, die Sie beeindrucken? Nicht Ihren Neid, ich meine Ihr Herz.
Wie gesagt, wir alle sind mit derselben Würde versehen, sie ist ein Gut, mit dem wir auf die Welt kommen und eines Tages von ihr abtreten.
Was haben die Menschen, die in besonderer Weise die Falschaussage widerlegen, Würde sei manipulierbar?
Was haben die an oder in sich, die mir da einfallen, sodass sie mir einfallen?
Sie kämpfen nicht. Und sie wirken frei.
Hineingeraten in diese ganze Würde-Überlegerei bin ich

mit Erhalt der Nachricht, dass die Supermarktkassiererin in »meinem« Supermarkt verstorben sei. Sie war einfach plötzlich nicht mehr da. Am nächsten Tag nicht und am übernächsten Tag nicht. Sie war ja tot. Und ich habe mich gefragt, warum mich ihr Tod so trifft, warum ich beim Betreten des Ladens oder allein beim Gedanken an sie solch einen Verlust empfinde. Sie war doch weder Freundin noch Bekannte. Ich hatte in die Deutung meines Störgefühls schon eingespeist, dass ihr Sterben meine Ordnung durcheinanderbringt, das tut Sterben immer. Aber das war es auch nicht.

Ich vermisste sie an ihrer Kasse und auf welche Art sie täglich ihrer Aufgabe nachging.

Sie hatte eine leise Aufmerksamkeit, immer ruhte ihr Blick auf meinem Tun, wenn ich meine Ware auf dem Kassenband ablud, und mit der immer gleichen Sorgfalt legte sie mir meinen Einkauf so hin, dass ich ihn von hart nach weich in meine Tasche packen konnte. Wenn sie mich anschaute, war ihr Blick ohne Erwartung; sie ging mit meinem Einkauf und mir wie mit jedem anderen achtsam um, unberührt von Kundenreaktion, verblieb sie stets in ihrer Freundlichkeit. Immer mit Ruhe, immer kampflos.

Und plötzlich hatte ich die Antwort auf meine Frage: Es war ihre Würde.

Ich mag unter Kitschverdacht geraten mit dem, was ich hier aufschreibe, ich weiß nur nicht anders davon zu erzählen, dass ich immer sicherer darin werde, dass es die Würde eines Menschen ist, die uns berührt und Kraft entfaltet.

K wie Kölsche Taxifahrer

Sie haben doch wohl nicht geglaubt, dass wir hier ohne eine extra Widmung des Genres »Kölsche Taxifahrer« auskommen?
Dann kämen Sie ja gar nicht in den Genuss dieser Spezies, die es so nur an diesem Ort gibt. Angefangen bei den Exemplaren, die, nachdem ein prominenter Mensch auf dem Rücksitz Platz genommen hat, ab dann den Rückspiegel mehr im Auge behalten als den Straßenverkehr. Und aus denen es sehr, sehr bald herausplatzt: »Isch hab jetz extra nix jesacht, Sie wollen ja auch ma priffat sein.«
Zu zitieren lohnt sich auch folgende Beobachtung eines erfahrenen Mannes auf dem Fahrersitz, der so langsam an der Menschheit verzweifelt, so seine Einleitung der Aufzählung von Probanden und Probandinnen, die »all nimmieh en Erziehung jenosse han, anders kannisch et mir nit erkläre: Letz och, do kütt mir eine entjeje, die wor am Jäähne, de Schnüss sperrangelweit op, do kunntisch de Plombe zähle, errrnzhaff, de Mandeln hätt se onnoch drinjehatt, ja, wat es dann loss mit denne, die han doch all zuvill Jluttamat gejesse, is doch wohr! – Och luur, der Herr Kolleje, wat fährt der dann jetz für 'n Schleuder, die

weed doch sick 1950 ja nimmieh jebaut! Un als Airbags verteilt der Luffballongs oder wat?«

Ein anderer Tag, ein anderes Taxi: Wir stehen an einer Ampel Richtung Neumarkt, vor uns sichtbar der Dom. »Dä Holjer [bundesweit: Holger]«, so hat mein Fahrer sich mir vorgestellt, bestens gelaunt, über Baustellen schimpfend, das kölsche Fazit schon im Anmarsch, das eigentlich immer folgt: »Et is, wie et is, ne?«, da bedeutet ihm der Fahrer des Wagens links, mit uns die Rotphase abwartend, er möge doch mal die Scheibe herunterdrehen. Wird erledigt, und aus dem Wagen neben uns tönt nahezu unverständliches spanisches Kauderwelsch in Fantasiedeutsch. Als der Tourist in seinem Mietwagen blitzgescheit realisiert, dass seine Laute für uns wohl nicht zu entziffern sind, fasst er seine Frage zusammen in: »Wo Dom!«

Holjer, geradeaus auf die sich vor uns erhebenden Domspitzen schauend: »Ja, wo Dom? Jestern stund dä noch do! Jetz is dä fott! Wat sull isch dir jetz verzälle, Jung, do verstehs doch kei Wood! … Luur! [bundesweit: Schau!] Do Jeck! Blind biste onoch! (Zeigt auf den Dom vor uns.) Grünphase und winkend fährt Holjer los: »Maat et joot, un schwenk d'r Hoot!«

Ich gehe fest davon aus, dass die spanischen Touristen den Dom noch gefunden haben.

W wie Wohlfühlen

Ich komme soeben vom Einkaufen nach Hause und habe Ihnen schon wieder von einer Begegnung zu erzählen. Auf einer ganz normalen Kölner Straße habe ich einen weiteren Beleg eingesammelt, dass es einen großen Unterschied macht, ob wir im Alltag freundlichen oder aggressiven Menschen begegnen. Und da wir die anderen ja nicht beeinflussen können, muss es heißen: ob wir ein freundlicher oder ein aggressiver Mensch sind.

Beim Verlassen eines Geschäfts hatte ich zu viel Schwung und lief einer Passantin direkt in die Hacken und sagte: »Oh, entschuldigen Sie, jetzt hätte ich Sie fast umarmt!« Die Antwort: »Dat hätte mir jutjetan, isch komm jrad vom Zahnarzt, mir tut alles weh!«

Ich hätte eine große Auswahl solcher schönen Straßengeschichten für Sie, exemplarisch sei hier noch diese hinzugefügt:

Ich fahre verbotenerweise mit dem Fahrrad auf dem Bürgersteig, es ist plötzlich so extrem stürmisch, dass ich mir von den Hauswänden Schutz erhoffe, natürlich mir bewusst, dass Radler auf Bürgersteig in der Fehde Fußgänger versus Radfahrer Wasser auf die Hassmühlen sind.

Ich spreche vom Vehikel aus also freundlich eine Fußgängerin von hinten an mit: »Vorsicht bitte, ich komme von rehechts …!«, und bekomme die lachende Antwort: »Jajaaa, dann bleibe ich lihiiinks!«

Oder.
Und nun, liebe Lesende, verlassen wir Köln. Diesen Ort voller zauberhafter Menschen (siehe oben).
Es gibt sie auch in München!
Ich bin noch ganz außer Atem vom erhöhten Herzschlag vor Freude.
An der Kasse eines Biosupermarktes, der Ort, wo ich in Köln häufig die schlechtesten Kölner ausgemacht habe, schenkte mir eine Münchnerin einen großherzigen Moment, wie ich ihn nie zuvor erlebt habe, stellen Sie sich das mal vor!
Hinter ihr meinen Geldbeutel suchend, stelle ich fest, kannste bleiben lassen, der ist in der anderen Tasche im Hotel.
Es entfährt mir (Rheinländerin!) ein lautes »Ochnee, ich hab mein Geld nicht mit, ich werd verrückt!«.
Die Münchnerin vor mir: »Dann zahl i des für Sie!«
Ich: mich am Verschlucken.
Sie: »Was ham Sie denn?«
Ich: »Ein Franzbrötchen und eine Mandelschokolade.«
Sie: »Des is doch koa Problem, des mach i.«
Kassierer: »4,68 Euro.«
Ich: »Auf keinen Fall, Sie zahlen jetzt nicht 5 Euro für mich, Sie sehen mich ja nie wieder!«
Sie: »I zahl des jetzt und Sie lassen's Eana schmecka.«
Ich: »Ich flipp aus …«

Sie: zahlt.
Ich: »Boah, das ist so …«
Sie: umarmt mich kräftig.
Ich: »Manometer!«
Sie: »Guten Appetit!«

Und jedes Mal wieder wohler gefühlt, mittendrin, auf diesem riesigen Planeten.

T wie Todesanzeigen

Endlich!
Endlich kann ich mal an die Allgemeinheit meine Frage zu den Todesanzeigen loswerden.
Weiß einer, warum in den Todesanzeigen die Erwachsenen stets mit vollem Namen genannt, die Kinder und Enkel aber beinahe ausnahmslos als Appendix aufgeführt werden? Es macht für mich so überhaupt absolut gar keinen Sinn, deshalb wollte ich mal nachfragen.
Warum trauern da Yvonne und Tom Müller mit Jakob und Hanna?
Warum nicht Yvonne Müller, Tom Müller, Jakob Müller, Hanna Müller? Untereinander aufgeführt, Sie kennen das vom Blättern in der Samstagsausgabe.
Denken die Eltern von vierjährigen Jakobs und Hannas, ach, die sind ja in der Kita in der Marienkäfergruppe, sowas braucht noch keinen Nachnamen? Die essen ja auch keine vollen Portionen und zahlen in der Bahn noch nix, dann werden die wohl um den Opa auch maximal 25 Prozent …
Gucken die Eltern von den Jakobs und Hannas einfach in die Samstagsausgabe der Vorwoche und machen es wie die Eltern von Noah, Franzi und Emilia?

Denken die eventuell gar nicht?
Manche Jakobs und Hannas sind übrigens gar nicht mehr vier oder sieben Jahre alt, sondern 22, wohnen im einen oder anderen Fall aber noch zu Hause (wegen der landauf, landab beschissenen Wohnungslage für Studierende, das nur als Zwischengeistesblitz), vielleicht nimmt man auch seine Kinder erst mit Nachnamen wahr, wenn sie woanders mit Vor- und Zunamen gemeldet sind?
Sie sehen, ich kämpfe mich durch mein Unverständnis.
Eigentlich könnte ich auch nur hier aufschreiben:
Mir vollkommen wurscht, wie Sie dazu kommen, Ihre trauernden Kinder auf das von Ihnen definierte Minimum zu reduzieren, hören Sie bitte auf damit!
Jeder Mensch ist zu jedem Zeitpunkt 100 Prozent.

L wie Liebe

Wenn ich von 100 Prozent schreibe, dann ploppt bei mir natürlich augenblicklich das Thema Liebe auf.
Au Backe! Die Liebe. Was ein Brett, die Liebe.
Bei dem vertrackten Ding verkeilen sich ja viele bedürftige Kiefer im anderen und nichts geht mehr – das kann ich Ihnen aus meinen vielen Paarberatungen berichten, und nicht nur das, ich bin ja selbst Teil eines Paares. Nichts ist mir fremd.
Sehr viele von uns sind Liebende und Geliebte.
So liest sich der Satz sehr schön.
Aber auf sehr viele von uns trifft er gar nicht zu.
Weil wir uns nach kurzer Begeisterung füreinander, die wir schnell Liebe nennen, ineinander verkeilen. Relativ bald nach eben erwähnter Begeisterung wenden wir in der Liebesbeziehung nämlich die Erwartungswirtschaft an: Du musst so und so und so sein, reagieren, denken, aussehen, damit ich dich lieben kann.
Stufe zwei folgt direkt, das Aufrechnen: Du weißt genau, wie gerne ich diesdasjenes habe, du hast das missachtet, jetzt missachte ich dich.
Zack. Verkeilt.

Als wir den anderen entdeckt haben, war etwas in uns von ihm/ihr begeistert. Von etwas, was sich uns an der anderen Person zeigte. Als wir noch nicht an ihr herumgedoktert haben.
Die Idee, dass der andere ein eigenes Land ist, geben wir recht schnell auf, zunächst landen wir ja auch sehr oft miteinander in großartiger Symbiose auf Matratzen, Küchentischen, Autositzen, im Wald – ist Ihre Sache, wo Sie zu Beginn der Beziehung überall übereinander hergefallen sind. Und irgendwie verpassen wir nach der Verschmelzung mit dem anderen das Loslassen, stattdessen rastet unser inneres Zahnrad ein in die Manipulation.
Merken wir gar nicht. Fänden wir ja schrecklich.
Würden wir ja lassen, wäre uns bewusst, was wir mit dem anderen anstellen und für Liebe halten.
Es ist jedoch nichts anderes als Manipulation, wenn wir mit nächtelangen Gesprächen, mit Liebesentzug, mit dramatischen Versöhnungen an der Gleichschaltung arbeiten. Und es ist nichts anderes als Feigheit, wenn wir auf der anderen Seite Gespräche verweigern und uns in die Kontaktlosigkeit flüchten.
Es hat uns aber niemand beigebracht, wie ich den anderen in mein Herz nehme und den richtigen Abstand halte. Wie ich grundsätzlich Ja zum anderen sage und ab und zu »Nein, jetzt nicht«. Mit dem Vorschlag, wann denn. Wie ich mein Vorhaben, den anderen zu lieben, mit Sorgfalt versehe. Indem ich Verantwortung übernehme. Für mich und für die Beziehung. Nicht für den anderen, das macht der selbst.
Die wenigsten von uns wissen, dass wir brachial die Un-

wahrheit sagen, wenn wir behaupten: Der andere macht mich unglücklich.
Sind Sie der Meinung, Ihre Partnerin, Ihr Partner sei zuständig für Sie, für Ihr Wohlsein, für Ihr Verstandensein und was Sie sonst noch wichtig finden für ein gelungenes Leben zu zweit? Fühlen Sie selbst sich ebenso zuständig für sie/ihn? Das ist ein tolles Vorhaben, das ist prima gemeint, aber das geht gründlich in die Hose.
Denn Liebe bedeutet keinen Handel, sie ist das Gegenteil. Sie kommt uns nur in diesem einen Zustand nicht abhanden: in Freiheit.
Wenn wir den anderen nicht in Haftung nehmen für all das, wofür wir ganz allein verantwortlich sind, wenn wir unsere Angelegenheiten nicht zu seinen machen und seine nicht zu unseren, dann ist der andere freiwillig da und träumt nicht vom Tag der Trennung.
Was sind deine 100 Prozent? Was sind meine? Wir lieben unterschiedlich, sind ja zwei Planeten.
Stattdessen zerren wir aneinander oder flüchten voreinander. Zumeist beides in Reaktion aufeinander. Wir haben das Bedürfnis, uns vor dem anderen und seinen Klagen, nicht verstanden zu werden, zu schützen, wir schließen unsere Herzen und gehen in Verteidigung. Das schaffen wir über viele Jahre bis Jahrzehnte.
Viele Paare sind in ihrer Rache aneinander nicht zimperlich.
Von selbst erklärten Opfern geht in der Beziehung ebenso Gewalt aus wie von den leichter zu identifizierenden Tätern. Jemand, der ausschließlich in der Perspektive »Du bist schuld« lebt, wird selbst zu einem rücksichtslosen

Partner. Weil zur Aufrechterhaltung dieses Konzeptes eine ichbezogene Ignoranz vonnöten ist, sonst würde die Person erkennen können, dass sie sich in dieser Haltung eingeschlossen und für den anderen unerreichbar gemacht hat.

Sie sollten lieber eine würdevolle Trennung in Betracht ziehen, wenn Sie die Achtung für den anderen nicht mehr aufbringen können, Ihr Herz für ihn/sie nicht mehr geöffnet kriegen, weil Sie so sehr damit beschäftigt sind, dass das Gegenüber falsch oder gar nicht liebt. Wenn Sie nicht mehr in die Lage kommen wollen, sich in den anderen einfühlen zu können, wenn Sie seine Perspektive für irrelevant erklärt haben, dann lassen Sie ihn ziehen.

Wie gesagt, die meisten von uns haben das Lieben nicht beigebracht bekommen, wir sind Kinder von zumeist unwissenden Eltern, denen wir als ihre Kinder beim Ringen miteinander beigewohnt haben.

Es ist eine großartige Reise, wenn ich mich dazu entschließe: Heute nehme ich mir mal mich selbst vor, kann ich mich selbst eigentlich auch so gut beschreiben wie meinen Partner, den ich in seiner Fehlerhaftigkeit so gut beobachte? Was bin ich für eine Liebende, was für ein Liebender, bin ich engherzig, großherzig, feige oder offen? Bin ich verschwenderisch, habe ich viel zu geben? Oder ist bei mir nicht viel zu holen, weil ich gut haushalten muss in meinem Mangel? Warum sitze ich überhaupt im Mangel? Liebe ist ein nachwachsender Rohstoff, wenn ich sie nicht an geizige Bedingungen knüpfe. Trage ich überhaupt Liebe in mir oder habe ich mich so eingerichtet,

dass ich erst einmal geliebt werden muss, bevor ein Ja in mir entsteht? Ist mein Ja ein Vielleicht? Oder ein »Ja, aber«?
Es gibt etwas, was ich an uns Menschen liebe, was mich jedes Mal überwältigt, wenn ich damit in Berührung komme, und das ist unsere Fähigkeit, an jedem beliebigen Tag den Entschluss fassen zu können:
Heute setze ich mich in Bewegung, heute lasse ich Fragen zu, ab heute bin ich erreichbar.

E wie Elternliebe

Das war ja klar.
Ihnen auch, oder?
Dass, wenn ich davon schreibe, wie wir in der Paarliebe auf hohem Seil balancieren, ich die Mutter aller Lieben, die Elternliebe, begutachten muss.
Ist aber eigentlich ruckzuck behandelt.
Wir stellen uns ja in der Paarliebe nur deshalb so doof an, weil es unsere Eltern zuvor gründlich an uns verbockt haben.
Fertig.

Nee.
Ich war jetzt mal eben zur Toilette. Das soll man grundsätzlich machen, wenn man dicke Bretter bohrt.
Oder, Sie wissen es bereits, mal den Kopf aus dem Fenster halten.
Es regnet aber gerade und ich musste eh.
War mir aber auch schon vorher klar, an die Elternliebe musst du nochmal ran.
Kein Ding. Bin ja Familientherapeutin. Schon tausendmal gemacht.

Ist aber wirklich nicht so kompliziert, wie wir uns das alle zurechtgelegt haben.
Nur manchmal. Oder oft.
Hachja.
In der Elternliebe ist es nämlich genauso wie in der Paarliebe, nämlich dass die zuständig Liebenden sich nicht auskennen mit der Freiheit. Den meisten Eltern ist nicht klar, dass sie Eltern werden, weil *sie* es so wollen, weil *sie* ein Kind haben wollen, nicht, weil sie einem Kind das Leben oder dem Staat ein Kind schenken wollen. Wir haben es also mit einem uneingeschränkt selbstbezogenen Wunsch und seiner Erfüllung zu tun, wenn wir einen neuen Menschen in diese Welt setzen. Und dass unser Kind unser Augapfel ist, ist mitnichten Ausdruck unserer Liebe, sondern von Selbsterhaltung. Mit der Pflege und Aufzucht der eigenen Nachkommenschaft pflegen wir uns selbst und folgen der Hybris, von uns müsste es mehr geben.
Oder sagen wir, es ist Natur. Die will einfach immer weiter. Sterben, neues Leben, Sterben, neues Leben. Mit Liebe hat das nicht unbedingt etwas zu tun, so enttäuscht Sie jetzt das Buch weglegen mögen und sagen: »Schatz, wir lieben den Thorben gar nicht, sagt die Stratmann.«

Mit Liebe bekommt das ganze große Vorhaben erst zu tun, wenn ich das Kind umsorge, ohne es in die Pflicht zu nehmen. Sie wissen natürlich schon, dass ich sowas wie Tisch decken, Müll runterbringen als Mitwirkung im Familienalltag nicht meine, ich meine selbstverständlich:

wenn ich es *nicht* mit dem Auftrag bekleide, dass es irgendetwas zu meinem Glück beizutragen oder mit der Erfüllung meiner Wünsche zu tun habe. Wenn ich es liebe, ohne mich zu beklagen, was mich diese Liebe kostet.

Sobald eine Klage ins Spiel kommt, habe ich mich schon von Liebe entfernt und verwechsele sie mit Ansprüchen. Die wiederum viele Eltern in unbeirrbarer Hartnäckigkeit über ihre Kinder ergießen. Sie würden auf Nachfrage sich selbst niemals so beschreiben, und dennoch benutzen viele ihre Kinder als Trophäen, als Statussymbole. Sie überfrachten sie mit der Erwartung, die Sinnhaftigkeit des elterlichen Lebens zu bestätigen und Mutter und Vater nicht zu enttäuschen.

O ja, enttäuschen sollen Kinder ihre Eltern nicht! Das wäre ja noch schöner.

Dankbar sollen Kinder sein.

Für all den Verzicht, den ihre Eltern für sie leisten, für jede Anstrengung, die Eltern auf sich nehmen, um das Kind großzuziehen und -zerren.

Was für eine Gemeinheit, finden Sie nicht?

Wir alle setzen aus Eigennutz Kinder in diese Welt, ignorierend, dass wir uns in Selbstüberschätzung an die größte Aufgabe heranwagen, die es für uns Menschen gibt, nämlich für ein abhängiges Wesen Verantwortung zu übernehmen und mit unserer Elternschaft entscheidend daran mitzuwirken, ob da ein empathischer Mensch heranwächst oder einer mit emotionaler Mangelerfahrung wegen liebesgeiziger Eltern.

Und dann gehen viele mit ihren Kindern eine Handelsbeziehung ein, wie sie es zuvor schon missverstandenerweise mit den Partnern gemacht haben.

»Ich liebe dich, wenn du …« – bei Kindern: »… dankbar bist. Und mir meine Mühe mit Funktionieren entlohnst.« Wir bekommen das nicht als Satz eingraviert in unsere Geburtsurkunde, es scheint aber so, dass wir den alten, überlieferten Glauben, Kinder betreffend, mit der Muttermilch aufnehmen: Kinder haben den Eltern etwas zurückzugeben.

Wir müssen uns klarmachen, dass, gerade da, wo wir Dankbarkeit erwarten, *wir* die Bedürftigen sind, die gerettet werden wollen: Dankbarkeit ist nichts anderes als Lohn und Bestätigung für unseren Einsatz.

Liebe ist das nicht.

Liebe ist absichtslos.

Rückwärtslieben, Zurücklieben, Aufholliebe, gibt es alles nicht.

Bringschuld. Gibt es nicht.

Offene Rechnungen. Gibt es nicht.

Dann lieben wir nicht, wenn wir den Kapitalismus in unsere Liebe einziehen lassen.

Dein Kind will dir nichts. Es braucht dich.

Sein Kämpfen, sein Trotz, sein Fordern sind Ausdruck seiner Hoffnung auf deine Bedingungslosigkeit, auf deine Konsistenz, deine Zuverlässigkeit, deine Korrektur, dein Halten, dein Loslassen.

Und all dies ohne deine Kommentierung. Du bist nicht sein Richter, du bist seine Mutter, sein Vater. Erkläre dein Kind nicht zu einem guten oder schlechten, schlauen oder dummen. Liebe es in seinen 100 Prozent, dein Kind ist

immer ein 100-prozentiges, ob mit einer Eins oder einer Sechs.
Und nenne es in Traueranzeigen bei seinem ganzen Namen.

B wie Banalität

Ich kam aus einer Veranstaltung, in der eine Philosophin und ein Philosoph im weitesten Sinne das Leben besprachen, sich dabei über den Begriff der Freiheit austauschten und die Frage, wie es gelingen könnte, dass wir alle in unserem Sosein miteinander den Planeten bewohnen, ohne uns gegenseitig oder ihn dabei gleich mit in die Luft zu jagen.

Noch nachdenklich trotte ich hinterher durchs Foyer dem Ausgang zu, da spricht mich ein intellektuell offensichtlich unterzuckerter Mann an: »Also, ich weiß nicht, wie es Ihnen ergeht, ich fand's banal.«

Meine erste Reaktion, hui, der ist schlauer als ich, der geht da unterfordert raus! Boah, da reisen zwei Philosophen aus dem Ausland an, zig Veröffentlichungen im Kreuz, Doktortitel um den Hals, echte Denk-Cracks, und der Mich-Ansprecher hatte mehr von denen erwartet.

Und während ich zur Straßenbahn weitertrotte, in mir abwäge, womit die Denker auf der Bühne mich erreicht haben, inklusive dem Abbinder des Herrn, der Banalität beklagte, komme ich am Ende bei dem Gedanken raus, dass das vielleicht ja alles genau so stimmt:

Die Essenz von allem ist banal: Lasst euch leben und helft euch gegenseitig. Fertig.
So vielleicht?

R wie Rucksack

Ich habe mir mal die Mühe für Sie gemacht und nachgeprüft, welchen Radius Sie in einem voll besetzten Zug haben, wenn Sie Ihren prall gefüllten Rucksack auf dem Rücken belassen, anstatt ihn beim Besteigen des sehr vollen Waggons abzunehmen, damit Sie mir und den anderen Mitreisenden Ihr fest verschnürtes Hab und Gut nicht bei jeder Bewegung wiederholt und durchaus schmerzhaft ins Gesicht pressen.
Mein Ton wirkt etwas gereizt?
Ahja. Das kann ich mir sogar durchaus vorstellen.
Diese Zeilen hier entstehen nämlich gerade mit sehr schief gelegtem Kopf auf meinem Platz 54 (Gang), genauer: Ich bin nur mit meinem Gesäß noch so gerade auf der 54, muss aber meinem mir unbekannten Sitznachbarn (Fensterplatz 56) meinen ihm unbekannten Kopf auf seiner Schulter ablegen, weil: der mit allem, was ein Mensch zum Überleben braucht (Federkernmatratze, Lattenrost, Dinkelmehl, gerahmte Bilder der Lieblingsfamilienangehörigen, Bücher, Teeset, Studentenfutter u. v. m.), weil also der in dieser Art gefüllte Rucksack eines ansonsten mit Sicherheit sehr umsichtigen, liebevollen, äußerst aufmerksamen im Gang zum

Stehen gekommenen Yogalehrers, überwiegend den ursprünglich von mir gebuchten Platz 54 (Gang) einnimmt.
Kleiner Einschub, ausschließlich an Waggonplaner der Deutschen Bahn gerichtet: Der Gang zwischen den Sitzreihen in einem Zug ist derzeit für die Breite eines prallen Rückengepäckstücks nicht ausreichend.
Zumindest solange die Menschen beim Packen ihres Rucksacks vor Antritt einer kleinen innerdeutschen Zugreise sagen: Ich nehme einfach mal *alles* mit.
Den in seinem Alltag sehr sympathischen, garantiert ausgesprochen hilfsbereiten, hochgeschätzten Yogalehrer würde es ganz sicher am anderen Ende des Rucksacks entsetzen, was seine weit entfernte Rückseite mit der hinter ihm befindlichen Welt anstellt. Das gebrochene Nasenbein, der Bluterguss unterm Auge von Mitreisenden würden ihn selbstverständlich aufrütteln. Wüsste er davon! Aber wie sollte er davon erfahren?
Deshalb habe ich für ihn und für Sie, falls Sie gerade im Begriff sind, eine Zugreise vorzubereiten und dazu Ihren recht teuren Outdoor-Rucksack zu Hilfe nehmen zu wollen, hier einmal die Maße eines ebensolchen Gepäckstücks ermittelt. Woher sollen Sie denn sonst wissen, was sich hinter Ihnen abspielt, während Sie darauf fokussiert sind, Ihren neuen Körperschwerpunkt auszutarieren?

Volumen	20 Liter	30 Liter
Abmessungen	46 x 27 x 14 cm	55 x 34 x 16 cm

Die Maße beziehen sich auf den leeren Rucksack, mit Befüllung durch Ihren Steinway-Flügel wird er natürlich entsprechend größer.
Bitte, gerne.

S wie Selbstmitleid

Das habe ich nicht verdient. Das habe ich mir anders vorgestellt. Wenn ich heute nochmal die Wahl hätte. Mir geht es eigentlich ganz okay, aber.
Aber. Aber. Aber.
Das Aber ist das liebste Wort der Selbstmitleidigen.
Meistens fühlen wir uns auch noch richtig tapfer, wenn wir selbstmitleidig sind. Wir machen ja trotzdem weiter, nutzt ja alles nix. Wir haben zwar was ganz Anderes bestellt (wo genau?), aber wenn das Leben nun mal so ungerecht ist, dann habe ich eben eine schwierige Kindheit, den falschen Mann, zu anstrengende Kinder, doofe Kollegen, und singen kann ich auch nicht.
Alles nicht so richtig optimal gelaufen, tja.
Wo sind die überhaupt, die andere dabei unterstützen, das Leben in die eigene Hand zu nehmen und sich nicht zu verweigern?
Wo sind die, die helfen, indem sie dir bei einer Herausforderung sagen: »Absolut richtig, das ist jetzt deine Aufgabe, du darfst dich jetzt nicht davonmachen, du hast jetzt die Chance, dich weiterzuentwickeln. Wer hat dich eigentlich im Laufstall vergessen, komm da mal raus. Hier ist ein

Taschentuch, nun schnäuz dich mal feste und dann hoch mit den Ärmeln, ich bin bei dir.«

Wo sind die, die verstanden haben, dass Empathie nicht das Gleiche ist wie Bedauern?

Viele Freundschaften bestehen aus der Verabredung: Ich bedaure dich, du bedauerst mich. Ist Ihnen das schon mal aufgefallen? Da sitzt man dann zusammen, definiert sich als bedürftig, untermauert das mit erfahrenen Ungerechtigkeiten oder sogar mit der neuen Mode: Traumata, hat große Erwartungen an die Solidarität des Gegenübers, und wenn man sich etwas getröstet fühlt, dreht sich das Gespräch in die andere Richtung, dann ist das Gegenüber dran, definiert sich als bedürftig, untermauert das mit … usw.

Hätten meine Wegbegleiter mich stets bedauert beim Klageführen, anstatt meine Kraft zur Gestaltung herauszufordern, ich säße heute als das Riesenbaby, das ich ohne Konfrontationen geworden wäre, in Erwartung von Rettung in meinem Leben herum und würde meine Energie dafür einsetzen, zu erklären, dass ich ein Opfer sei von … von Dings, hier … Dings, irgendwas findet sich immer, Umstände zum Beispiel, genau: Umstände, diese Idioten.

Ich würde in Selbstmitleid schwimmen, kraulen, tauchen, rückenschwimmen; ich kenne manche, die ihr Selbstmitleid zu einer gewissen Perfektion getrieben haben. Ich weiß ebenfalls, wie sich das anfühlt. Ein Aber ist ja immer und überall griffbereit.

Und habe mir zum Selbstmitleid, Gott sei Dank, bald ein Störgefühl hinzuentwickelt, das sich direkt meldet und mir die Hand in den Laufstall reicht.

Mein grundheiteres Naturell mag mir auch eine Hilfe gewesen sein bei der Bezwingung meines eigenen Selbstmitleids, denn der Alltag mit solch einem inneren dauermotzenden Querulanten ist für einen, der gerne lacht, einfach nervtötend.

M wie Meer

Sie können sich direkt schon mal über mich aufregen.
Weil ich Ihnen jetzt richtig hinten reinfahre, in Ihre Meeranbetung.
Sie sind doch garantiert auch so jemand, der oder die einmal im Jahr »ans Meer müssen«. Wenn ich dann frage, warum, sind sich alle Zeugen meiner Frage augenblicklich in Todesverachtung einig, dass es für diese Frage niemals und unter absolut gar keinen Umständen jemals Anlass gebe.
Ich habe mir redlich Mühe gegeben, das Problem bei mir zu verorten, ich habe mir gesagt: Cordula, wenn *alle* Menschen einmal im Jahr ans Meer *müssen*, dann scheinst doch du die Geisterfahrerin zu sein, die überhaupt gar nicht ans Meer muss.
Ich war zuletzt auch wieder am Meer. Ich mache nicht zu, das kann man mir wirklich nicht vorwerfen. Immer schön nochmal überprüfen, ob die Haltung, die man eingenommen hat, noch hält. Sie hält, meine Damen und Herren.
Ich habe es direkt gemerkt, als ich da rumstand.
Mit den anderen. Und die wollten ans Meer, einstimmig.

Ich wollte Gegend, aber die anderen nicht. Okay, bin ich mit ans Meer.

Tja.

Während der April sich ja überall vollzog, und ich ihn liebend gern in *Gegend* verbracht hätte mit Hügeln, verschiedenen Grüntönen auf Äckern, mit Pflanzen und Vogelgezwitscher, Sonne-Wolkenbildern und wie sie sich als Schatten auf Feldern abmalen, war ich also am außer von mir von allen anderen angebeteten Meer.

Was sah ich?

Ich sah graubeigen Sand, so weit das Auge reichte, rechts wie links. Der Sand, Strand genannt, geht ja, das wissen wir, über ins Meer. Das Meer in der Farbe gräulich, so weit das Auge reicht.

Dann haben wir da noch den Horizont, der im April in einem Grau erscheint, das mit dem Meergrau eine einheitliche graue Grauheit bildet. So weit das Auge reicht. Das ist ja das Tolle am Meer, diese Weite. Du guckst unendlich in weites Grau.

Am Meer entlang geht es in ganze *zwei* Richtungen, nach rechts oder nach links, ganz, wie man will. Lauter Menschen, die mindestens einmal im Jahr ans Meer müssen. Mit Hund, ohne Hund. Mit Kindern, ohne Kinder. Du kommst also oben an der Deichtreppe an und vor dir das heitere Bild von intensiven Grautönen und vielen Lebewesen, die sich in zwei Richtungen bewegen.

Was höre ich dazu?

Sie wissen es und bekommen schon wieder feuchte Augen beim Gedanken an: Möwengeschrei. Herrlich, dieses Symbol von Freiheit. Auf einer einzigen Tonfrequenz.

Ich habe gerade »das Meer« beschrieben im April, nahezu der einzigen Zeit, wann ich es dort überhaupt okay finde, obwohl es, das müsste bis hierhin klar geworden sein, ja an Trostlosigkeit …

Der pure Albtraum wird »das Meer« für mich im Sommer, seinen Höhepunkt erreichend im Hochsommer.
Entweder: Karibik, also Postkartenlandschaft.
Ich hab mir das vor Ort mal angeguckt, außer dass der Tag seine Zeiten wechselt, tut sich da überhaupt gar nichts. Und dieses Nichts vor Augen, nehmt ihr mittags schon eure Drinks zu euch, und dann schön im Liegestuhl wegschnarchen, quasi vom Nichts ins Nichts. Herrlich. Und weil sich die weite Anreise ja erst ab drei Wochen lohnt, liegt ihr drei Wochen ab mittags besoffen in der Karibik rum. Vor euch, aber das seht ihr nicht, in einem atemberaubenden, immergleichen Blau, was ich zuvor in Grau beschrieben habe.
Oder: Wer sich nicht in die Karibik oder ähnlich ereignislose Traumgegenden begibt, der tummelt sich an überfüllten europäischen Stränden mit sehr viel zu vielen Menschen auf sehr viel zu wenigen Quadratmetern.
Von wegen: »Du, da gibt es noch ganz tolle unentdeckte Stellen, wenn du dann ein paar Kilometer, ca. 25, weitergehst, plötzlich ist da niemand mehr, da bist du dann ganz allein!«; ich sage Ihnen, das stimmt entweder gar nicht oder Sie haben dann den ereignislosen Ödnis-Effekt, siehe oben.
Währenddessen könnte man so schön in landesinneren Gegenden Europas Flora und Fauna, traumhafte Schin-

ken, Käse, frische Biere, Winzerweine, unzählige andere beglückende Kulinarien, Gegenden, Farben, Düfte mit allen Sinnen genießen, aber bitte, Sie wollen ja nicht.
Ich wünsche Ihnen, frei von Zynismus, dass Sie eine schöne Zeit empfinden, wenn Sie endlich wieder ans Meer kommen. Lassen Sie sich von mir da bitte nicht reinquatschen, alles, womit der Mensch seine Laune hebt, ist Gold wert, Prost!
Und schlafen Sie gut.
Ist doch schließlich *Ihr* Urlaub!

S wie Sprachnot

Ich muss Ihnen jetzt nochmal mit meiner Mutter kommen. Ohne sie kriege ich Ihnen das nicht erklärt, was mit mir los ist, sprachlich.

Meine Mutter war Lehrerin, ich erwähnte es bereits. Sie war eine von der leidenschaftlichen Sorte, deren Antrieb für das Lehren ihre eigene Lust am Lernen war. Meine Mutter wollte immer wissen, warum wieso und weshalb etwas so oder so oder vielleicht ganz anders ist. In dieser Ausstattung stand sie ihr Berufsleben lang vor ihren Schülerinnen und Schülern und weckte in ihnen die Lust an der Weiterentwicklung.

Von dieser Frau habe ich meine Liebe zu unserer Sprache übernommen, zu all ihren Zwischentönen und zum freien Spiel mit ihr. Ich bekam bei der ersten Gelegenheit, die sich bot – ich muss so circa sechs Wochen alt gewesen sein –, von meiner Mutter dargelegt: »Schau, Cordula, das Gleiche gleicht etwas anderem, dasselbe gibt es nur einmal.«

Liebe Lesende, Sie werden bei akribischster Recherche nicht einen einzigen Zeugen dafür finden, dass ich diese beiden Begriffe ab Eintritt in meine siebte Lebenswoche jemals verwechselt hätte. Wie auch, da ich doch den

Unterschied so schlüssig erklärt bekommen habe, wie man eben auch nicht Hose mit Bluse verwechselt, wenn man einmal erfahren hat, dass Ersteres ein Beinkleid und die Bluse ein Oberteil ist.

Mit einer solchen Prägung hört man Sprache wie ein Musikstück.

Und wenn in meiner Nähe jemand vom bestaussehendsten Mann spricht, bekomme ich das gleiche Quietschen im Ohr, wie wenn jemand brachial schief singt oder mir ein Ständchen mit einer leider verstimmten Geige bringt. Aussehender als aussehen können wir ja nicht. Sie können sich noch so in die Frage von guter Kleidung hineinsteigern, angezogener als angezogen werden Sie nirgends auftauchen, höchstens gut angezogen, besser oder sogar am besten. Genauso wenig finden Sie mich am weit entferntesten Ort vor, weil ich schon beim weitest entfernten bei einer Tasse Kaffee Platz genommen habe. Um es komplett zu machen für die, die noch nicht ins von mir bereitgestellte Boot gestiegen sind: Einziger als einzig können Sie ums Verrecken nicht sein, Sie werden auch mit einzigst nicht noch einziger, so, wie auch die optimalste Lösung immer nur eine optimale bleibt.

Ich sage Ihnen, das ist kein Spaß, wenn man sprachlich mit einer Art absolutem Gehör aufwächst und später zwischen anderen herumlebt, die solche Sachen sagen wie: Ich hab Durchfall wegen dem Körnerbrot heute morgen.

Unsere Sprachhüter seit dem sehr geschätzten Herrn Konrad Duden sind den Menschen mit Genitiv-Schwäche ja sehr weit entgegengekommen, die dürfen sich wirklich so äußern und bekommen das in keiner Deutschklausur oder

Unterhaltung mehr angestrichen. Die Sprachhüter haben also zugunsten von Genitiv-Schwächlingen und Dativ-Halbstarken eine Regelung aufgestellt, die Liebhaberinnen und Liebhaber des Genitivs der ständigen Gefahr akustischer Auffahrunfälle aussetzen.
Ich habe es wirklich versucht.
Ich habe versucht, mich einzufangen, bevor ich mich mit den vorherigen Zeilen an Sie wandte.
Ich habe mir mehrfach gesagt, streng gesagt, Cordula, lass die Leute! Ist doch eines jeden eigene Angelegenheit, wie er oder sie spricht. Wie er mit der uns zur Verfügung stehenden deutschen Sprache verfährt. Kümmere du dich darum, dass dir selbst kein größerer Fauxpas passiert, wenn dir das denn so wichtig ist, aber lass doch bitte die Leute in Ruhe!
Ich habe, das müssen Sie mir bitte abnehmen, wirklich versucht, dem Schrecken mit Ignoranz zu trotzen. Als ich am 9. Mai 2019 im Magazin der *Süddeutschen Zeitung* die Kolumne von Axel Hacke vor mir auf dem Tisch liegen hatte, verlor ich diesen Kampf. »Das Beste aus aller Welt« heißt die Kolumnensammlung und am 9. Mai 2019 erlaubte sich die Überschriftenredaktion des *SZ*-Magazins – Moment, ich muss mich sammeln, um es hier niederzuschreiben, entschuldigen Sie, ich brauche ein bisschen, da stand nämlich, jetzt schreib es schon hin, Cordula, ich versuche es mal mit geschlossenen Augen: Skdkljf bnf iuri dmvkdjkgskm Vnehjfhinel sjd sugfm!
Das hat ja wohl nicht funktioniert.
Ich mach's jetzt. Ist ja nicht mein Satz. Ich zitiere doch nur. Also. Da stand: »... dieses Mal mit noch mahnend erhobenerem Zeigefinger als sonst«.

Meine zu diesem Zeitpunkt 94-jährige Mutter teilte mein blankes Entsetzen, verfügte jedoch über die Altersweisheit, beruhigend auf mich einzureden und mich ganz behutsam aus der Komparativ-Hölle herauszuführen, nicht nachhaltig genug, dass ich Sie, verehrte Leserschaft, im Jahr 2024 nicht noch einmal in diese schäbige Sache hineinziehe.

Dafür möchte ich Sie um Entschuldigung bitten.

Ich hegte die Hoffnung, dass ich mit Offenlegung die Wunde, die das *SZ*-Magazin 2019 in mein sprachliches Schmerzgedächtnis gerammt hat, heilen kann. Und ich hoffe nun abschließend, dass Sie nicht für eine ähnlich lange Zeit über mich den Kopf schütteln. Das würde alles nur noch schlimmerer machen.

M wie Mitmenschen

Ich leide an Mitmenschen.

Das tun wir ja alle.

Am meisten leiden wir beim Angucken von fremden Menschen. Sobald wir einen besser kennen, setzt die Beißhemmung ein, dann denken wir eher mal, achja, der Dirk. Aber die wir nicht kennen, hui, können die uns auf die Palme bringen!

Weil die so ganz anders als wir selbst Auto fahren. Andere Autofahrer, also, die bremsen, beschleunigen, stehen und fahren ja fundamental anders als man selbst. Ist mir immer wieder ein Rätsel, warum ich nicht die Einzige mit Führerschein bin, ganz ehrlich, den anderen gehört der doch abgenommen.

Ich selbst bin beim Besuch von Innenstädten je nach Nervenlage mehr oder weniger herausgefordert. Da prasseln so viele Eindrücke auf einen ein. So viele.

Konkreter, ich reagiere auf die Außengestaltung mancher Menschen etwas, ich weiß es selbst, überempfindlich. Wenn zum Beispiel jemand morgens zu seinen Haaren gedacht hat, och, heute geht noch, und ich später in der Fußgängerzone mein Laugenbrötchen wieder in die Tüte zu-

rückpacken muss, weil ich da nicht mehr reinbeißen kann, nachdem ich seine, nein, nicht nassen Haare gesehen habe, mit denen er vor mir hergeht.
Frauen, die richtig gut aussehen könnten, wenn sie auf das Können eines Friseurs vertrauen würden. Stattdessen findet ihr Mann lange Haare schön (warum?), weswegen sie ihre elf Haare, mehr hat die Natur da nicht vorgesehen, zum Pferdeschwanz von der Dicke eines Zündholzes gebunden tragen (warum?). Oder korpulente Menschen, deren Korpulenz nullkommanull mein Problem ist, aber dass sie beim Kauf ihres T-Shirts einfach nur zwei Größen größer hätten wählen müssen, dann wären sie ganz normal gut gekleidete Leute. Macht mich fertig sowas.
Ich muss dann nach Hause. Mich schnellstens aus dem Weg räumen.
Und damit wären wir beim Thema Anziehen.

A wie Anziehen

Anziehen.
Ich meine richtig: das Anziehsachen-Anziehen.
Wie handhaben Sie das?
Das machen wir doch, bevor wir das Haus verlassen, bin ich hier noch bei Ihnen?
Wenn wir, sagen wir mal, uns auf den Weg machen zur Hals-Nasen-Ohren-Ärztin im, nehmen wir mal den Juli. Schön warm, puh.
Es ist der erste Termin am Tag, vorher Diesdasjenes, Wecker, Frühstück, Dusche, was man halt so macht vor dem ersten Außentermin. Und Anziehen. Das machen wir ja alle, bevor es unter die Leute geht.
Dazu käme dann jetzt auch meine Frage an sehr viele zunächst überwiegend weibliche Menschen. Die Männer frag ich schon auch noch.
Zum Entscheidungsprozess.
Kennen wir ja alle, die Frage: Was zieh ich an?
Also. Wie, liebe überwiegend weibliche Mitmenschen, die mir im Bus, auf dem Gehsteig, beim Bäcker, definitiv nicht in eurem eigenen Badezimmer, begegnen, verläuft bei euch die Entscheidungsfindung für zum Beispiel Das-

da-Anziehen und Das-da-Weglassen? Also: Schlüpfer, BH anziehen, Rock oder Hose oder Shirt oder Bluse weglassen?

Wie muss ich mir das genau vorstellen: Ihr steht da in Slip und BH im Zimmer, und wieso jetzt nicht der Griff in den Kleiderschrank zum vielfältigen Angebot im Fach? Wurde bei euch eingebrochen? Soll ich demnächst vielleicht meinem Impuls nachgeben, euch darauf aufmerksam zu machen, dass ihr noch gar nicht fertig wart mit Anziehen, als ihr das Haus verließt? Wie wär's, wenn ich euch beim nächsten Mal einfach mal ganz locker zurufe: »Hallihallo, hallöchen, du, egal wie H&M das nennt, es ist ein BH und ein Schlüpfer, kurz: Du bist in Unterwäsche aus dem Haus gelaufen, also, mir wär das zu luftig.«

Ähnlich triezt es mich bei männlichen Wesen zur Nachfrage.

Das Problem ist beleidigend alt und immer noch ungelöst. Wie oft würde ich im Sommer den Herrn neben mir an der Ampel gern launig anhauen: Na? Wohin des Wegs, Wandersmann? Bis wohin sollen die Sie denn tragen, die megapraktischen Trekkingsandalen mit Klettverschluss, nachdem Sie auf der anderen Straßenseite angekommen sind, gehen Sie gleich durch ins Karwendelgebirge? Oder, ich seh es gerade, geht's zur Fußpflege?

Zu Flipflops gibt es eine tolle Eselsbrücke: Wasser-Flipflops, Flipflops-Wasser, so kann man sich das einprägen. Darin sind zum Beispiel alle Strandorte weltweit enthalten, nicht enthalten jedoch: Bürgersteige, Straßenbahnen, Wartezimmer, kurz: alle Räume an Land, wo Sie mir begegnen könnten.

Ich habe einen Trick gegen meine Arroganz, die Ihnen ja gerade unangenehm aufrülpst bei diesen meinen Zeilen, ich höre Ihr Aufstoßen ja förmlich.
Dieser Zustand, wenn ich mir absolut sicher bin, dass da welche definitiv falschliegen, geschmacklich, dieser Zustand kurz vor Standpauke an alle, falls Sie den auch kennen. Ich gehe dann mit egal wen ich als ästhetische Zumutung ausmache in Gedanken nach Hause. Ich stelle mir vor, wie dieser Mitmensch sich nicht im schlechtesten, sondern für sein Empfinden im besten Sinne der Frage seiner Fassadengestaltung gewidmet hat und dann eben bei genau dieser Kleiderauswahl ankam, mit der er oder sie nun vor mir, neben mir, hinter mir, in jedem Fall mir sehr nah ist. Ich stelle mir vor, wie der Typ mit dem grashalmdünnen grauen Pferdeschwanz, auf dessen Kopf man die Kammspuren sieht, mit seinen Cowboystiefeln im Flur am Spiegel vorbeikommt, den Schnäuzer nochmal mit Daumen und Zeigefinger in beide Richtungen glattstreicht und seinem Spiegelbild zuzwinkert: Cool, Benno, auf geht's!
Ich stelle mir beim einen oder anderen Kleidungsstück, dessen Muster meine Augen quält, den Kaufvorgang vor, den Moment der Entscheidung *für* dieses Teil. Für mich unbegreiflich, für die Dame mit dem niedlichen Bären auf der Brust ein beglückender Moment, das sehe ich am Leuchten in ihren Augen. Dieser Blick mit schräg gelegtem Kopf, mit dem irgendein Mitmensch sich kritisch, jedoch mit aufsteigendem und am Ende unbezwingbarem Gefallen betrachtet, die Hose mit dem großen Blättermuster immer mehr ins Herz schließt, das andere Bein

nach vorne stellt, sich umdreht, von hinten auch alles dufte, sich in der Hose in Gedanken bei verschiedenen Anlässen vorstellt und am Ende dieses Prozesses vorfreudig zur Kasse geht, mit dieser Hose.
Ganz genau so, wie ich es mache.

C wie Cordula

Tja. Was soll ich sagen.

Cordula. Was für ein blöder Name.

Ich habe meine gesamte Lebenszeit hindurch sporadisch überprüft, ob sich an dieser Feststellung irgendetwas tut von meiner Seite aus. Kann ich ganz klar sagen, nein.

Ich kann aber auch ganz klar sagen, dass man nicht unbedingt vor Stolz platzen muss, wenn man jemandem Unbekannten seinen Namen erstmalig nennen soll, weil man zum Beispiel Viola heißt, wohlklingend, einfach nur Feingeist ankündigend.

Ich habe nicht mitgezählt, wie oft ich in den vergangenen Jahrzehnten sagen musste: »Hallo, guten Tag, ich heiße Cordula.« Ich sag mal so, es ist wurscht.

Dann heiße ich halt so.

Ich bin ja froh, dass ich nicht meine Brüder bin. Meine Güte.

Man muss einfach generell mal festhalten, dass die Namensfindung eines Kindes, wahrscheinlich seit dem allerersten Menschen, der irgendwie genannt wurde, auf den jeweiligen Zustand der Eltern hindeutet. Deswegen sollte man sich auch nicht mit seiner, nennen wir es Artikelnummer, so sehr identifizieren, dass man am Ende tatsächlich ein richtiger Detlef ist. Oder Horst. Womöglich noch ein Vollhorst.

Immer schön Abstand halten zum Beleidigtsein. Davon riechst du nur extrem schlecht aus dem Mund. Oder aus allen Poren. Jedenfalls unsexy, Beleidigtsein. Bloß, weil du Horst heißt. Ich bitte dich! Du hast doch immer noch die Flucht nach vorn.

Manchmal haben wir *nur* die Flucht nach vorn.

Der Eugen, der spürbar darum weiß, was er in mir lostritt, wenn er nur sagt: »Hallo, ich bin der Eugen«, na, mit dem geh ich doch wohl eher nach Hause als mit einem Aaron, der aufgrund elterlicher sehr glücklicher Hand seine Namensverwöhnung mit breiter Brust vor sich herträgt.

Sagt mir einer: »Hui, Cordula, was für ein blöder Name!«, dann hat er zwar ein kleines Problem in der Kategorie Taktgefühl – ein stumm mitfühlend fester Händedruck oder auch ein ehrlicher Lachkrampf wären hier völlig ausreichend gewesen –, aber was die Fakten angeht, liegt er mit seiner Aussage absolut richtig.

Ich wäre ja doof, diesen blöden Namen zu verteidigen, warum denn? Mir fehlen doch sämtliche Argumente. Selbstverteidigungen sind immer heikel, wenn Sie mich fragen. Für mich selten beeindruckend, wenn ein Gegenüber gleich den Kampf zur Selbstrettung aufnimmt bei mieser Ausgangslage.

Verirrt sich jemand wiederum pro Geschmack meiner Eltern und sagt: »Cordula, so ein schöner seltener Name!«, dann lasse ich das auch mal einfach so stehen oder lobe

sogar mein Gegenüber für seine Vorlieben für Seltenes (warum so selten, hallihallo?).
Und meine Brüder.
Die tun mir erst leid. Holladiewaldfee …
Ist jetzt alles gelaufen, die leben damit ja jetzt auch lange, und alles okay. Sind beide voll nett, ist nicht so, dass einer groß verbittert wäre oder besonders leicht kränkbar. Sind wir alle nicht. Wir Stratmanns sagen Ja zu schlechten Startbedingungen, und dann Ärmel hoch, rein in den Witz.
Fing ja alles mit unserem Vater an. Der hieß Alfred. Da konntest du doch schon ahnen: Wenn die da in der Familie jetzt das Ruder nicht ganz rumreißen, dann wird das nichts. Ist ja manchmal der Wurm drin in irgendwas. Bei uns halt in der Sache mit den Namen.
Ich habe meine Mutter mal gefragt, wie ich denn geheißen hätte, wäre ich ein Junge geworden.
Eckhard.
Da lässt du dann ja ab vom Thema. Hopfen und Malz, verstehen Sie?
Ich habe einen Freund, der heißt Dietmar. Darf ich Ihnen verraten, hat er gesagt. Wir können beide seinen Namen nicht sagen, ohne die Hände vors Gesicht zu schlagen. Für mich ist das auch nicht einfach, denn wenn ich jemandem von ihm erzähle, der ihn nicht kennt, muss ich obligatorisch dazu sagen, dass er ein ganz Toller ist, modern, lustig, klug, und dass ich ihn riesig gernhabe, immer. Als müsste ich ihn verteidigen. Ich sehe doch, wie die Leute zusammenzucken. Oder wie denken Sie über Dietmar, Hand aufs Herz?

Keiner hat das verdient.
Du kommst auch hier wieder nur aus der Geschichte wie aus grundsätzlich jeder Geschichte mit Empathie raus. Indem du dir vorstellst, wie denn der Vorgang der Namensfindung genau gewesen sein mag bei den jungen Eltern, ihr neues Kind im Arm, feuchte Augen. Wenn ich mir also vorstelle, da freuen sich zwei wie verrückt über die kleine Sonja. Die so heißt wie sonst nicht viele, der Name in den Ohren ihrer Eltern jedoch fast schon Musik.
Überhaupt, die Suche nach einem seltenen Namen für ein Kind, ich möchte hier die Allgemeinheit nochmal zu Besonnenheit aufrufen. Die Seltenheit, die begeisterte ja meine Mutter auch so, weil ja mein Name so überwältigend klingt. Egal. Ist passiert. Ich fang schon wieder an. Schlimme Namen verheilen nie ganz, aber es geht. Und schauen Sie, was ich für einen unkaputtbaren Humor als Lebensbegleiter entwickelt habe, das fing bei mir am Taufbecken an, als ich dachte, ich hör nicht recht.
Und nun kommt also der Tag, da hält die Sonja-Mama das zweite Baby auf dem Arm und der Papa beugt sich mit Augen voller Liebe über seine »Mädchen«. Da sagt sie zu ihm: »Mensch, Werner (auch so ein Fall), am liebsten würde ich sie nochmal Sonja nennen, so schön finde ich Sonja.« Und er sagt: »Schatz, liebe Roswitha (…), dann lass uns sie doch Dunja nennen.« Und sie können ihr Glück nicht fassen und freuen sich auf alle Gelegenheiten, bei denen sie wem auch immer sagen können: »Das sind Sonja und Dunja.«
Niemand sollte aber bei Bewältigung der amtlich eingetragenen elterlichen Fehlentscheidung den Respekt vor

sich selbst derart schleifen lassen, dass er oder sie aus einer Ursula auch noch eine Uschi macht, aus einem Günther einen Günni, aus einem Manfred ... Die Liste derer ist lang, die sich hinten in ein »i« zu retten versuchen.

Dazu fällt mir dann auch nichts Rettendes mehr ein.

T wie T-Shirts mit Aufdruck

Ich kann es nicht lassen.
Da bin ich schon wieder. Mit meiner Macke, was sich andere anziehen. Ist aber auch zu guter Stoff, im wahrsten Sinne!
Das kann man nicht liegen lassen.
Nicht, wenn man keine Gelegenheit zum Rumkugeln verpassen will.
Ernsthaft.
Wieder die Straßenbahn. Die Fundgrube für Menschliches.
Da stellt sich eine sehr schwangere Frau an die Tür, direkt in meine Amüsiereinflugschneise. Und auf ihrem sehr runden Bauch lese ich in großen Lettern: Bad Hair Day.

Nachtrag, zähneknirschend:
Ich darf mir nichts vormachen, nachdem ich dieses kleine Kapitel kichernd an mehreren Rezipienten getestet habe. Die prozentuale Verteilung der Amüsierten zugunsten dieses Spaßes blieb erschütternd gering. Ich fange jedes

Mal wieder an zu gackern, während meine Testpersonen diese Zeilen abgeschmeckt haben wie eine sehr mittelmäßig geratene Praline, so: Ochjoooh.

Dann musst du ja als Autorin eine beinharte, eine schmerzhafte Entscheidung treffen: Lass ich das jetzt drin oder fliegt das hier raus?

Ich habe mich entschieden, wie Sie sehen, an diesem Spaß des »T wie T-Shirts mit Aufdruck« festzuhalten, allein für die zwei anderen, die da jetzt gerade zu Hause quiekend vor Vergnügen aus ihrem Lesesessel geflogen sind. Für alle anderen gilt: Ist doch auch schon wieder vorbei, es geht doch schon weiter, und zwar – Sie hätten mal besser die Gelegenheit zum Kichern genutzt wie die beiden anderen – es geht weiter mit: K wie Krise, bitte schön.

K wie Krise

Das nächste dicke Brett.
Wir befinden uns also gerade kollektiv im Zustand des Schreckens wegen vieler Krisen, derer wir gewahr werden. Jeder Mensch in seinem Tempo: Der eine verdrängt, solange es eben geht; der andere ruft und warnt und alarmiert; der dritte bewegt sich zwischen diesen beiden Wesen, schaut mal hin, schaut wieder weg, misst mal mit diesem, mal mit jenem Maß.
Die Realität schert sich nicht darum, wann wir sie erkennen und wie großräumig wir sie umfahren. Die Realität zeigt sich gut erkennbar, auf unsere Leugnung reagiert sie mit noch besserer Lesbarkeit.
Es ist unerheblich, wie lange wir brauchen, bis wir es wirklich begreifen, fest steht, dass aus jeder Krise, groß, klein, dick oder dünn, etwas anderes, Neues entsteht. Kein Verlauf welcher Krise auch immer endet am selben Datum, zu dem sie aufgetreten ist. Wir können uns wehren, auf Vulkanen tanzen, leugnen, uns bedauern, Schuldige suchen. Irgendwann müssen wir unseren Schockzustand aufgeben und uns der Realität stellen, die da sagt: Das Vorher ist vorbei. »Zur Normalität zurückkehren« gibt es

nicht, es wird eine neue Normalität sein müssen, da die alte vorbei ist. Vorbei. Vorbei.

Wenn wir das genug betrauert haben, denn unfreiwillige Abschiede schmerzen, dann müssen wir uns nach vorne, der Strecke vor uns, zuwenden. Die Realität hat für uns Menschen nirgends eine Beschwerdestelle eingerichtet, wo wir unseren Protest hintragen können und sagen, dass wir uns das so nicht vorgestellt haben, und verlangen, dass … Ja, was?

Wer schwer erkrankt, verlassen wird oder jemanden plötzlich durch Tod verliert oder in anderer Weise seine Welt zusammenstürzen erlebt, muss nach dem Schmerz, wie groß er auch ist, zum Blick nach vorn gelangen und zu der Frage: Was nun?

Oder er scheitert. Wird bitter oder böse oder bitterböse. Wird giftig und jemand, vor dem andere Reißaus nehmen, weil sie sich nicht an ihm vergiften wollen.

Krisen tragen uns die Aufgabe zu, Altes zu verabschieden, Bewährtes mitzunehmen und das Neuland vor uns zu gestalten, mit neuen Ideen, neuen Fragen und neuen Antworten.

In meiner Praxis nehme ich als Beraterin von Menschen in Krisen stets Kurs auf ihre Kraft, auf den bisher nicht angezapften, aber verfügbaren Fundus, den wir alle in uns tragen, wenn die Realität uns zu neuer Aufstellung auffordert. Ich bin noch niemandem begegnet, der dort innen nichts fand.

Die Kraft, die wir im Neuland brauchen, ist dieselbe, mit der wir zuvor gelitten haben. Es braucht eine Energieumwandlung durch Perspektivwechsel. In unserem Fundus befindet sich also stets dieselbe Kraft, es ist nur die Frage, wozu wir sie einsetzen, welche Perspektive wir dabei einnehmen. Und wer sich, bisher dauerhaft schwach fühlend, durch sein Leben gekämpft hat, hat das mit der gleichen Power getan wie ein anderer, der schon immer Gewichte stemmt. Denn wir verwenden täglich alle unsere gesamte Lebenskraft, mit der sind wir alle ausgestattet.

Ohne sie hätten wir den Mutterleib nicht verlassen. Die Geburt war unsere erste Krise, die wir alle, nach vorne gerichtet, gemeistert haben, mit dem Vorteil, dass wir als Neugeborenes noch kein Bewusstsein für die Zumutung des Lebens haben, wir leben es einfach.

V wie Verzweiflung

Meine.

Meine Verzweiflung. Stellvertretend für die anderen Verzweifelten.

Ich könnte es auch nennen: S wie Schreikrampf.

Die aktuelle PISA-Studie liegt vor.

Und nun äußern sich wieder alle zu dem seit Erhebung schlechtesten Ergebnis, das die Kinder und Jugendlichen in dieser Studie zur Erfassung ihres Lernstandes abgeliefert haben. Ein Gelaber rauf und runter in allen Auslassungen, die das Resultat nun medial erklären, einordnen, einspeicheln.

Dieses Ergebnis erfolgt mit Ansage. Seit Jahren sagt es das Bildungssystem, wie wir es hierzulande haben, im Voraus an. Im nächsten Jahr wird es konsequenterweise wieder einen Schritt weiter sein. Nach unten. Ihr Experten könnt alle jetzt schon mal eure Interviews dazu geben.

Dieses Ergebnis hat erst dann einen Sinn, wenn Ministerien, Schulbehörden, Lehrerschaft, Eltern, kurz alle, die sich beruflich oder privat für Kinder entschieden haben, es auf sich selbst beziehen. Denn dieses Ergebnis, das die Schülerinnen und Schüler hier abliefern, dokumentiert das fundamentale Scheitern der Erwachsenen. Die bis heute den Blick in Nachbarländer meiden, wo Bildungspolitik gelingt. Wie können Bildungszuständige so hanebüchen blöd sein?

Dieses Ergebnis hat erst dann einen Sinn, wenn die genannten Akteurinnen und Akteure angesichts dieser Bankrotterklärung ausnahmslos erröten und ohne selbstmitleidiges Gejammer oder Klugscheißen laut den Satz aussprechen können: Wir müssen neu denken, wir dürfen längst vorhandene neue Konzepte nicht mehr behindern, wir brauchen jetzt einen Wandel in der Frage von Lernen und Lehren, wir müssen uns verändern und zuallererst müssen wir aufhören, den jungen Menschen anzulasten, dass wir bis heute ihrem Leben und ihrem Alltag in keiner unserer Überlegungen, in keiner Regierung, in keiner Legislaturperiode ernsthaft Rechnung getragen haben.

Wie unfähig, wie desinteressiert muss man sein, wie gesellschaftlich und politisch ahnungslos, um seit Jahrzehnten nicht *für* junge Lernende ein fruchtbares Schulsystem zu entwickeln, sondern mit brachialer Ignoranz veränderter Lebenswelten *gegen* sie das alte durchzusetzen? Tag für Tag, Jahr für Jahr verlieren wir neugierige, zunächst kleine Heranwachsende an zunehmende Frustration, weil sie mit veraltetem Benotungssystem und überholten Lehrinhalten nicht in die überzeugende Erfahrung von Lernlohn kommen können. Wie unfähig, wie desinteressiert muss man sein, wie gesellschaftlich und politisch ahnungslos, um konsequent jegliche Signale der Lernenden zu missdeuten als Verweigerung, Verweichlichung, Verblödung,

oder welche Schmähungen erwachsene Totalverweigerer noch so für die nachwachsenden Generationen zur Hand haben? Und als Folge über die Schüler den Kopf zu schütteln, nicht aber über sich selbst?
Und wenn ich mir nicht die politisch Verantwortlichen anschaue, sondern einmal den konkreten Lernort aufsuche, tun sich mir ebenso viele Fragen auf.
Wie kann es sein, dass Lehrerinnen und Lehrer, die eine solidarisch-fördernde Beziehung mit ihren Lernenden eingehen, bis heute in der Minderzahl sind? Was wird Lehramtsanwärterinnen und -anwärtern in ihrer langen Ausbildung gelehrt?
Meine überwiegende Erfahrung mit Lehrenden endet mit dem Fazit: Die mit Empathie und Interesse an den ihnen Anvertrauten schöpfen überwiegend aus ihrem Naturtalent. Sie bringen in ihrem Charakter eine Wertschätzung für Lernende mit und sind damit im Schulbetrieb oft sehr allein. Geliebt von den Schülerinnen und Schülern, dafür häufig auf verlorenem Posten im Kollegium oder bei der Schulleitung. Dort herrscht vor allem das Prinzip der Verwaltung.
Die Entwicklungsforschung hat bereits vor langer Zeit nachgewiesen, dass Lernen ein kreativer Prozess ist, der am fruchtbarsten in guter Beziehung stattfindet, und niemandem dürfte das noch unbekannt sein. Für viele Studien- und Oberstudienräte an Gymnasien ist es jedoch verstörenderweise immer noch von geringer Bedeutung. Deren selbst erteilter, schulterzuckender Lehrauftrag heißt: Das Leben ist kein Wunschkonzert. Und Schule ein Ort, wo ihr lernt, Regeln einzuhalten: Wer hat beispielsweise

das standardisierte Verfahren von schriftlichen Entschuldigungsbögen erfunden, mit denen sich Kind A bei Kind B zu entschuldigen hat, nachdem beide zuvor den Hergang eines Konflikts niederschreiben mussten? Ich raufe mir die Haare über derlei inszenierte Entfremdung in Situationen, in denen für die Kinder im Hier und Jetzt Alltagserfahrungen liegen. Wie reift man an einem Fragebogen im Unterschied zu: »Und jetzt schaut einander an und gebt euch bitte mal die Hand!«? Nochmal, wer denkt sich so etwas aus? Soll das eine bildungspolitische Maßnahme zur Verbesserung der Schreib- und Lesekompetenz sein? Pisa sagt Nein. Warum wird solch ein bürokratischer Blödsinn an den Schulen nicht mit Vogelzeigen abgelehnt?
Ich habe nun zwölf Jahre dabei zusehen müssen, wie das große Potenzial, der ganze innere Reichtum, mit dem Kinder und Jugendliche ausgestattet sind, einem wachsenden Desinteresse weicht, weil bei uns Schule kein Lernort ist, sondern ein Verwaltungsort.

Die Kinder unseres Landes bekommen ganzjährig Rückmeldungen in Form der Behauptung, sie seien zunehmend inkompetent.
Haben Sie das an sich selbst schon einmal ausprobiert? Die konsequente Beschreibung, Sie seien zu dumm für dieses Leben und dass Sie, wenn Sie so weitermachen, Ihre Zukunft vergessen können?
Und? Cool?
Ich habe einen kompetenten 17-jährigen Sohn.
Der hat kompetente gleichaltrige Freunde und Freundinnen.

Woher ich das weiß?
Ich unterhalte mich mit ihnen. Man nennt es Beziehung. Und ich bin es leid, dass der Mangel an Verbindung und Austausch spätestens in der Pubertät den Heranwachsenden in die Schuhe geschoben werden. Ich kenne nicht wenige Eltern, die fast schon geil auf dieses Alter warten, damit sie endlich, endlich unter Beifall aller, die es Sache der Kinder finden, eine gute Eltern-Kind-Beziehung zu pflegen, sagen können, wie absolut ballaballa ihr Kind ist.
Ich übe meine Elternschaft aus durch Kontakt, ich habe Kenntnis davon, was meinen Sohn interessiert, was ihn ärgert, was ihn anspornt oder lähmt. Und auf ein paar seiner Freunde bezogen, trifft diese Beschreibung ebenfalls zu, weil sie immer wieder bei uns zu Hause aufkreuzen, weil wir ins Plaudern kommen oder sogar ins Diskutieren.
Dafür braucht es keinen Helikopter, falls Sie sich das gerade fragen, nur Sitzplätze am Esstisch.
Ich unterhalte mich dann mit lauter maximal mittelmäßigen Schülerinnen und Schülern, die meisten sogar Dauerkandidaten für Fünfen in diesem oder jenem Fach, alle wurschteln sich so durch.
Die Allgemeinbildung dieser Jugendlichen fußt nicht auf ihrer aufmerksamen Teilnahme am Unterricht in verschiedenen Fächern. Das ginge auch gar nicht, weil die meisten Fächer nur rudimentär unterrichtet werden, meistens fällt der Unterricht ohnehin aus, von Kontinuität können wir nicht reden. Und wenn Unterricht tatsächlich stattfindet, steht vor ihnen nicht selbstverständlicherweise eine kom-

petente Lehrkraft mit Herzensbildung, sondern leider nur, wie schon gesagt, ausnahmsweise.
Die Allgemeinbildung vieler Jugendlicher entsteht im World Wide Web. Ich wäre vollkommen blind und taub, wenn ich nicht anerkennen würde, dass mein Sohn dort auf höchst interessante Dokumentationen stößt oder informative Clips aufstöbert, neben dem ganzen anderen Kram, den ich nicht verstehe.
Auf eine PISA-Studie zu warten und sie dann zu beschreien und zu beheulen auf der Basis eines Schulsystems, das seit Einführung der vierjährigen Grundschule vor gut 100 Jahren außer Rumdoktereien nie grundlegend geändert wurde – Leute, ich bin kurz vorm Kollaps.
Das ist so, als würden Mediziner bei Zahnoperationen für die Betäubung noch heute zum Hammer greifen und wir alle seit 100 Jahren mit großer Spannung die Statistik der jährlichen Todesrate bei Zahnoperationen erwarten.
Was gibt es denn da nicht zu raffen, dieser für eine gesunde Gesellschaft katastrophale Notstand muss aufhören! Schaut endlich in die Nachbarländer, Bildungspolitiker! Kümmert euch! Bitte!

PS: Welche Lehrkraft sich von mir hier abgekanzelt und unverstanden fühlt, der sei gesagt: Ich bin Tochter einer leidenschaftlichen Lehrerin, meine ganze Kindheit und Jugend habe ich gelebt neben einer interessierten Lehrenden, die bis ins hohe Alter von ehemaligen Schülerinnen und Schülern geliebt und besucht wurde.
Ich habe größten Respekt vor der Leistung empathischer

Lehrer. Und verzweifle über die hohe Zahl an schadenfrohen Misanthropen.

PPS: … und am Bildungsnotstand, der seit Generationen bis heute politisch von keinerlei Interesse ist.

J wie Judenhass

Verstehe ich nicht.
Ich verstehe die Idee von Judenhass nicht.
Ich verstehe nicht, wie es jemals hat passieren können, dass Menschen in der Erzählung unserer Menschheitsgeschichte den Entschluss fassen konnten, Menschen vernichten zu wollen.
In der Willkür der Hassauswahl sind sie dann bei den Juden angelangt. Es hätte auch ein anderes Volk treffen können.
Gründe für Hass sind immer konstruiert. Von Menschen gegen Menschen.
Seitdem und solange es uns gibt.

P wie Parfüm

Auf dem Bahnsteig eines deutschen Großstadthauptbahnhofs habe ich eben eine ganze Weile neben einer gut gepflegten Dame gesessen. Diese Nebeneinandersitzung fand im Freien statt, ich hatte den Sitzplatz dankbar ergattert, weil ich die Verspätungszeit meines ICE in meinem Alter (siehe Ä wie Älterwerden) definitiv nicht im Stehen absolvieren wollte. Was wiederum nicht wirklich mit meinem Alter zu tun hat als vielmehr mit meinem Naturell (siehe B wie Bequemlichkeit).

Nun sind Sie ausreichend orientiert, um meine Lage zu imaginieren, dann fahre ich mal fort, wobei von Fortfahren ja eben keine Rede sein kann, saß ich ja noch ohne Zug am Bahnsteig, das hatte ich Ihnen ja gerade geschildert, Sie müssen schon auch ein bisschen mitmachen hier! Also.

Ich sitze im Freien neben der in einem Maße gut gepflegten Dame, welches die morgendliche Nutzung eines Parfüms einbezieht. Und hier komme ich nun zum Kern dessen, den ich hier etwas mühsam an Sie heranzutragen versuche: Wäre es eventuell möglich, dass Sie, und hier spreche ich hauptsächlich die extrem duftende Damen-

welt an, also, könnten Sie vielleicht ab jetzt Ihren sicherlich teuer erworbenen Duft *nicht* mehr auftragen, *bevor* Sie morgens Ihr Zuhause verlassen und im Verlauf einer Unterwegsseiung eventuell auf mich treffen, die völlig unverschuldet ganz entsetzlich geruchsempfindlich ist?
Sie würden dann, darüber habe ich selbstverständlich für Sie nachgedacht, Ihren Duft mit sich führen, wohin auch immer, möglicherweise in kleinerer Abfüllung (Reiseformat), und erst an Ihrem Zielort auftragen. Wartezimmer bei Ärzten würde ich hier allerdings spontan ausschließen, hat eine Nebeneinandersitzung dort ja eine noch belastendere Wirkung, als sie mir im Freien zugestoßen ist.
Leider muss ich hier anfügen, dass diese Zeilen ebenso und in gleicher Weise an mich selbst gehen, die allerdings wirklich ein so überwältigend gut duftendes Parfüm benutzt, dass es eine Schande wäre, wenn Sie es nicht mehr zu riechen bekämen im Falle einer Begegnung mit mir an irgendwelchen Orten. Aber, da bin ich dann auch ganz streng mit mir selbst, darauf haben Sie einen Anspruch, ich sage mir dann auch: Nein, Cordula, das geht nicht, du kannst nun nicht mit zweierlei Maß …, das macht man nicht, obwohl, wenn Sie einmal meinen Duft riechen würden, dann wüssten Sie, aber komm, das nutzt jetzt ja alles nix.
Wir müssen das mit dem Parfüm ja irgendwie mal anpacken.

Das hier sag ich Ihnen jetzt noch ganz im Vertrauen: Für mich ist das sogar eventuell viel besser, wenn ich das mit dem Parfüm mal lasse, gesundheitlich meine ich jetzt. Der

Duft, das ließ ich Sie ja schon wissen, ist wirklich atemberaubend, und genau da liegt so ein kleines Problem. Jedes Mal, wenn ich ihn aufgetragen habe, mucken meine Bronchien, ich habe an dem Tag dann leichte Atembeschwerden. Ganz leichte.

A wie Ameisen

Wenn man am Urlaubsort im Halbschatten mehrmals vor denen rumliegt, drängt sich zumindest mir die Frage auf: Die wissen tatsächlich, wo sie hinmüssen?
Plötzliches Stehenbleiben, abrupte Richtungswechsel, sehr hohes Tempo – alles kein Zeichen von Planlosigkeit? Kein Was-wollte-ich-hier-nochmal?
Ich frag nur, weil, sieht für mich ganz danach aus. Aber frag mal die Wissenschaftler, die haben durch die Bank eine hohe Meinung vom Tun der Ameisen. Absolut effektiv und so.
Was man alles nicht sieht, wenn man keine Ahnung hat, oder?
Ich guck die an, und so ein Urlaub dauert schon mal bis zu drei Wochen, und ich denk mir, hoppla, du suchst bestimmt die anderen, die sind gerade in die andere Richtung gelaufen, vielleicht holste die noch ein.
Überhaupt: die anderen!
Wie gesagt, häufiger schon mehrwöchige Studien an Ameisen betrieben, also, lange zugeguckt, und nicht ein Mal hab ich eine stehen sehen mit einer anderen.
Ich will mich da nicht zu weit aus dem Fenster lehnen als

Ameisenlaiin, aber für mich sieht das einfach nur ignorant aus, wie die da aneinander vorbeipesen.
Vielleicht ist es mir als kontaktfreudige Rheinländerin auch nur vollkommen unerklärlich, wie man so fortgesetzt, so entschlossen immer an allen vorbeirasen kann, ohne ein einziges »Knickknack, hallo, na?«.
Da kann man doch mal für einen Moment stehen bleiben und fragen: »Hey, Artgenossin, wohin des Weges mit der Tannennadel?«
Einfach mal Interesse zeigen: Du, ich seh dich, wohnst du nicht sogar hier in der Gegend, ich meine, ich hätte dich schon öfter gesehen, seid ihr nicht die mit der Anhäufung da vorne unter dem Farn an der Ecke? Cool, ich gehöre zu dem Haufen da drüben. Guck auch nochmal dahinten, da hab ich mir gerade diesen Käferrest auf den Rücken getackert, da liegen vom letzten Wind auch noch ganz viele Blätter. Wir haben letzten Monat tagelang Tempotaschentuchreste zusammengeschleppt, das war vollkommen easy, jetzt haben wir da 'nen Riesenhaufen, wenn ihr welche braucht, einfach Laut geben, wir haben nämlich eher zu viele jetzt, aber du lässt sowas auch nicht einfach liegen, wem sag ich das.
Entschuldigung, liebe Leserschaft, ich quatsch mich gerade fest, stellvertretend. Das mag an meinem Staunen liegen, das mich befällt, wenn ich auf Kontaktlosigkeit stoße. Ich habe mir das Treiben drei Wochen lang Tag für Tag angeguckt, wenn Sie mich fragen, sag ich: Die Ameisenwelt steht kurz vorm Burn-out!
Aber ich will der mir fremden Kultur der Ameisen gegenüber nicht übergriffig sein, vielleicht sind die abends total

happy nach ihrer Rennerei, weiß man ja nicht, die sagen ja nix.

Wie gesagt, auch möglich, dass mir hier mein rheinländisches Gemüt durchknallt, ich würde ja als Ameise direkt einen Chor gründen oder die nächste Kneipe suchen.

Ich verstehe aber auch, wenn Sie sich jetzt fragen: Was hat sie denn jetzt schon wieder mit den Ameisen?

Leute! Ich komme aus der Region Deutschlands, wo wir an der Theke in der Warteschlange den anderen fragen: Na? Auch 'n Brot am Kaufen?

E wie Eltern am Handy

Tja. (Schulterzuck-Smiley)
Geht nicht anders. Ihr zwingt mich dazu.
Jetzt reicht's nämlich. Und ich habe mich auch nicht mehr groß im Griff. Ihr fuckt mich so dermaßen ab. Seid ihr vollkommen bescheuert?
Wie gesagt, ich habe mich während der folgenden Zeilen verbal nicht im Griff, ich mute euch meinen ganzen Zorn zu. Ich tue das stellvertretend für eure Kinder.
Es handelt sich um Folgendes: Wenn ihr mit eurem Kind in der Bahn sitzt, dann habt ihr bereits eine Beschäftigung: Ihr sitzt mit eurem Kind in der Bahn. Könnt ihr mir noch folgen?
Das Kind sitzt neben euch, guckt aus dem Fenster oder in der Bahn herum und fragt euch dann so Sachen wie: »Guck mal, Mama (wahlweise Papa), was macht der da?«
Darauf gebt ihr gefälligst *zeitnah* und *inklusive* Blickkontakt eine Antwort, ihr Kontaktverweigerer! Wenn ihr das nicht könnt, weil ihr, auf eurem Handy scrollend, Hirnverwesung betreibt, dann müssen wir euch eure Kinder leider abnehmen, dann ist nämlich die elterliche Navigationsaufgabe mehrere Nummern zu groß für euch. Hier

muss sich gerade gar niemand zwischen Mitte 20 und 50 freuen, ihr macht es *alle*!

Ich schau euch bei eurem elterlichen Beziehungsversagen schon sehr, sehr lange zu. Ich kenne euch, ich weiß, dass ihr aus allen Bevölkerungsschichten kommt, ihr seid mit und ohne Schulabschluss, Studium, Arbeit, Partner, Partnerin. Eltern am Handy sind nicht die da und die nicht, es sind alle.

Was ist los mit euch?

In eurem Schädel?

Mit eurem Gehör vielleicht?

Euren Augen?

Hat ein Arzt irgendwann bei euch eine Wahrnehmungsstörung größeren Ausmaßes diagnostiziert? Überlegt mal, nehmt ihr morgens Medikamente ein, damit ihr die Haustür findet oder einen Einkaufszettel lesen könnt? Was seht ihr auf dem Handy, während ihr den Kinderwagen mit dem fragefreudigen Nachwuchs vor euch herschiebt? Steht da: rechter Fuß, linker Fuß, einatmen, ausatmen?

Sollte der zugegebenermaßen seltene Fall eintreten, dass eines Tages eure Leichen identifiziert werden müssen, dann ist davon auszugehen, dass eure Kinder hier den Behörden nicht hilfreich sein können, weil sie eure Gesichter einfach zu selten zu sehen bekommen haben.

Ich habe euch Irren auch beim Urlaubmachen zugeschaut. Mir kommt die Kotze hoch mit euch am Nebentisch. Nicht wegen eurer komplett verlassenen Kinder, sondern wegen euch Manager- oder Handwerker- oder Was-weiß-denn-ich-für-Eltern, die ihren Zweijährigen ein Gerät vor die Nase rammen, um sich dann mit ihrem beschissenen

Wein zuzuprosten und kinderlosen Urlaub zu spielen. Mit den Vätern, denen man ansieht, dass sie im Rest des Jahres null Kontakt zu ihren Kindern pflegen (darf ich fragen, warum?), und den Müttern, die, egal wo, freudlos ihren zu großen Anteil »Care-Arbeit« absolvieren (darf ich fragen, warum?).

Sagt mal, habt ihr so gar nicht über die fundamentale Lebensveränderung miteinander nachgedacht, als ihr entschieden habt, dass ihr euch gern vermehren wollt, *bevor* die Schwangerschaft eintrat?

Wie ging es bei euch nach der Geburtsanzeige mit dem süßen Foto weiter oder, wer mag, nach der Taufe mit den Bildern mit der Großfamilie? War das ein großer Schock für euch, dass nach den Fotos so ein Kind längerfristig laute Geräusche macht, die man nicht terminieren kann? Dass ein Kind für einige Jahre maximale individuelle Unfreiheit und die beste Aufgabe der Welt mit sich bringt?

Ja, ich falle hier schlimm über euch her, aber ihr Gedankenlosen hängt mir schon so, so lange so zum Hals raus. Unter anderem, weil ihr ja hinterher irgendwo rumsteht und in die Welt hinauskräht, wie anstrengend Kinder seien.

Eure Doofheit ist anstrengend.

Es gibt ausgereifte Möglichkeiten, sich sexuell zu verausgaben, ohne danach Kinderfragen beantworten, seine Unabhängigkeit für Jahre aufgeben und sich in die Pflicht nehmen lassen zu müssen.

Wenn ihr die größte Konzentration in die Flucht vor der Beziehung zu euren Kindern steckt: Bekommt einfach keine! Denn: Da kommt einiges auf euch zu. Eure Kinder fallen hin, stehen auf, machen Sport, malen Bilder, werden gemobbt, verlieben sich, werden verlassen, haben Fieber, schaffen die Klasse nicht, wissen nicht, was sie wollen, wissen sehr genau, was sie wollen, lieben euch, stellen euch infrage, die Liste ist noch viel länger.

Wenn ihr also in der Straßenbahn nicht in der Lage seid, zu antworten: »Wen meinst du?« – »Den Mann da mit dem Bagger!« – »Ah, das ist ein Kran und der Mann hebt damit die Pflastersteine hoch, die müssen an eine andere Stelle.«

Nochmal, wenn ihr zu solch einem Gespräch nicht in der Lage seid, dann sorgt wenigstens dafür, dass eure Kinder viel bei den Großeltern, liebevollen Nachbarn oder in den Familien ihrer Freunde sein können. Da wird sie wohl jemand bemerken und ihr könnt weiter auf Bahnfahrten auf Jeans-Suche gehen oder was auch immer für einen Scheiß ihr auf eurem Handy eurem Kind vorzieht.

Ende.

B wie Brille

Es gibt in unserem Land einen sehr berühmten Mann.
Ich finde ihn prima, er ist ein Künstler. Ich durfte ihn schon persönlich kennenlernen, da hat er das Primafinden nochmal durch Primasein bestätigt.
Dieser Mann hat im Gesicht eine winzig kleine Nase. Darauf eine riesengroße Brille. Die hat ungefähr die Größe eines zweitürigen Kleiderschrankes. Wie man diese Brillen halt seit einiger Zeit hat.
Diese großen schwarzen Brillen.
In Berlin. Da tragen die viele. Oft noch einen Hut auf.
Er jetzt nicht, also, der Künstler, den hab ich noch nicht mit Hut zur Brille gesehen.
Aber erst kürzlich wieder mit seiner Brille.
In einer Talkrunde.
Man hört ihm gerne zu, weil er klug und originell sprechen kann.
Ich höre seine lohnenswerten Wortbeiträge allerdings leider nie am Stück; alles, was er von sich gibt, kenne ich nur mit Unterbrechungen.
Wie soll ich Ihnen das beschreiben, es geht praktisch immer zwischendurch der Ton weg, weil meine Aufmerk-

samkeit dann ausschließlich seiner winzigen Nase gehört, die diese schrankige Brille zu stemmen hat.

Der Vorgang ist immer gleich: Seine Brille bewegt sich unter seinen Äußerungen ganz langsam den Nasenrücken hinunter Richtung Nasenspitze, welche, während man ihn beim Lauschen anschaut, dadurch immer kleiner wird. Immer kleiner. Eine winzig winzige Nasenspitze trotzt der Brille und verschwindet sukzessive aus unserem Blickfeld, während die Brille rutscht und rutscht und rutscht, bis jedes Mal ganz kurz vorm Absturz der prima Künstler sie wieder auf die Nasenwurzel zurückschiebt. Dann höre ich den Künstler wieder.

Bis der ganze Kladderadatsch wieder von vorne losgeht. Zuhören, Brille rutschen, Ton weg, Brille hochschieben, Ton wieder da.

Ich überlege jetzt, ob ich ihm das bei unserer nächsten Begegnung mal sage. Andererseits ist er doch nicht doof, zumal er ja auch selbst immer dabei ist, wenn seine Brille rutscht, schließlich schiebt er selbst sie immer punktgenau vor dem Malheur wieder hoch.

Da braucht man dann doch eigentlich nix zu sagen. Oder? Er hat doch auch Freunde.

Und eine Frau. Die wäre in meinen Augen als Gefährtin die Hauptzuständige für solche Sachen wie Brillerutschen oder Hose-hinten-nicht-richtig-hoch, Schuppen auf Schultern, diesdas. Aber die ist sehr oft gar nicht dabei, wenn er und seine Brille sich irgendwo mit Leuten unterhalten.

Wenn du aber so sauberühmt bist wie er, sagt dir überhaupt gar keiner mehr was, wenn es denn überhaupt die

Frau noch macht, das ist auch nicht sicher. Von Mundgeruch bis krachende Arroganz und mehr, keiner sagt was. Ich erkläre mir das immer so, dass die Leute ihre Traumjobs bei Arschlöchern nicht verlieren wollen, und da fehlen dir natürlich sofort die Argumente ... Deswegen sind so ganz Berühmte, wenn die nicht eine Eins-a-Kinderstube hatten, in nicht geringer Anzahl in Zeiträumen ohne Kameras veritable Sozialpfosten. Denen halt keiner mehr was sagt.

Also, gesagt kriegen die schon was, aber nur in die Richtung: »Du, Künstler, die sind da jetzt gerade dabei, das Hotel umzubauen, weil du wolltest ja nicht parterre wohnen, aber neben dem Pool, die verlegen den jetzt in deine Suite, da kommt ein Architekt aus der Schweiz, der fragt, ob du dann gleich die Dachterrasse mit in den Wohnbereich integriert haben willst, wegen der Anschlüsse.« Aber das machen die tausend Leute um einen dollen Künstler herum auch nur so lange, wie der richtig was reißt. Wenn der die Hallen nicht mehr vollkriegt, werden die drum herum wahnsinnig nervös und bekommen richtig Scheißlaune.

Es ist aber Blödsinn, dass ich Ihnen das hier aufschreibe, der prima Künstler zählt gar nicht zu der Sorte. Der ist zwar wirklich richtig, richtig berühmt bei uns, aber auch im Off sehr prima.

Nur kriegt der, prima oder nicht, und auch wenn der jetzt selber sagen würde, ochnöö, ich geh auch ins Parterre, ist ja nur für eine Nacht, der kriegt trotzdem ganz sicher auch nix mehr gesagt, weil das einfach ein Naturgesetz ist bei ab Patrick Lindner aufwärts. Der setzt sich morgens

diesen zweitürigen Kleiderschrank auf seine winzige Nasenspitze, einen richtigen Nasenrücken hat der gar nicht, und alle denken, uijuijui, jetzt leben wir alle wieder einen Tag in Anspannung, wir dürfen ihn das bloß nicht merken lassen, er hat die Brille ja selber ausgesucht.
Aber wenn man mich im Publikum jetzt mal hochrechnet, dann sind da ja sicherlich viel mehr Menschen, die ihm gar nicht durchgehend zuhören können, wenn er spricht, weil sie sich unterdessen Sorgen um den Verbleib der Brille machen. Wie die ganze Crew halt.
Dann käme ich hier also doch wieder ins Spiel, mit was sagen, bei der nächsten Begegnung zum Beispiel. Weiß ich aber gerade gar nicht, wann ich den nochmal treffe. Vielleicht ja auch nie mehr?
Schreiben, soll ich ihm schreiben?
Ich würde dann auf jeden Fall weglassen, dass ich mich außerdem ja noch, und das auch schon lange, frage, wie man mit einer so, so feinen, kleinen, winzigen Nase überhaupt riechen kann.
Wenn der sonst nie was gesagt kriegt, fände ich das aber dann eins zu viel, oder?

Ä wie Älterwerden

Eigentlich fing das ja mal alles ganz smooth an.
Im Einklang mit der Natur in meiner Mutter Bauch traf ich eines helllichten Tages meine erste triftige Entscheidung: Ich reagierte auf den zunehmenden Platzmangel mit Geburt.
Das sollte für einen längeren Zeitraum meine letzte selbstmotivierte Entscheidung bleiben, und ich dachte mit vier Jahren, mit acht und mit zwölf, mit 17 häufig den Gedanken: Wartet ab, ihr blöden Bestimmer alle, demnächst bin ich erwachsen, und dann kracht es aber nur so von Selbstbestimmung!
So kam es dann auch, ich verließ nacheinander Schule, Elternhaus und Hochschule, ließ die Reinquatscher zurück und betrat die vor mir liegende Strecke unter Hinzuziehung von eigener Anschauung. Darunter auch das Anschauen verschiedener junger Männer, die ich für unterschiedliche Zeiträume für den Quell absoluten Glücks sowie der puren Pest hielt.
Auf alle Möglichkeiten mit ihren Versprechungen zugehend und stets von Neuem unter den nicht eingehaltenen Versprechungen der Möglichkeiten leidend, schritt ich also

mit hochgekrempeltem Nervenmaterial durch meine Gegenwart, immer auf die Zukunft zu.
Alles bingo also.
Ich gehörte dann auch zu den ganz, ganz souveränen jungen Dingern, die sich aus der 30 wirklich nichts machten.
Es erschloss sich mir nicht, warum ich, umgeben von unterschiedlichstem Gemensche, darunter 40er, 50er, 60er, meine zu feiernde 30 für eine Zäsur halten sollte.
Die 40 handhabte ich ebenso.
Knackig frisch, rasend schön und voller Ideen.
An dieser Aufzählung hat sich bis heute absolut nichts geändert, aber.
Da denke ich nun schon seit Längerem drüber nach.
Es hat genau an dem Tag angefangen, als ich auf die Frage nach meinem Alter mit »fünfzig« antworten musste.
Die Frage unbeantwortet zu lassen in der verzweifelten Hoffnung, das bewirke etwas, kommt dem Versteckspiel eines Kindes gleich, das, pummelig in der Gegend rumstehend, sich die Augen zuhält. Hinter den Erkenntnisstand der Dreijährigen, die pummelig in der Gegend rumstand und die Einzige war, die sich für versteckt hielt, wollte ich als 50-Jährige nicht zurück. Die Antwort lautete also, laut und mit fester Stimme: »Ich bin fünfzig.«

Und hier nun möchte ich mit Ihnen einen Gedanken teilen, der sich mir nach langer Forschung zur Frage meines Alters als der beinahe einzig zutreffende nahezu aufdrängt:
Am Zustand von Sturm und Drang an manchen Tagen sowie Schlaffheit und innerer Ereignislosigkeit an anderen

hatte sich seit frühester Kindheit bis zur 50 rein gar nichts geändert, dennoch konnte ich die Zahl nicht nennen ohne Aufstoßen mit viel Magensäure. Von der 50 bis zur 59 blieb dieser Zustand erhalten und bei neuester Nennung der 60 kam noch Erbrechen hinzu.
Warum?
Mögen die Souveränen unter Ihnen die Köpfe schütteln über mein Gebaren, ich hingegen will Ihnen nichts vormachen: Ich habe nicht ein einziges Mal ab dem 50. Geburtstag und nun frisch seit dem 60. mein Alter genannt, ohne sichtbar oder heimlich die Luft durch die Zähne zu ziehen wie in den Momenten, in denen man sich heftig den Ellbogen stößt.
Und nun, nach nicht nachlassender Ergründung dieses Reflexes kann ich Ihnen sagen, ich hab's! Ich weiß nun, warum!
Immer noch voller Tatendrang, rasend schön und unbezwingbar dynamisch, sage ich Ihnen hier und jetzt die Auflösung, also, dass man da nicht früher drauf kommt!
Mein Körper, mein Geist, mein ganzes Ich wollten einfach nicht »ünfz« sagen müssen. Und jetzt ja sogar »echz«!
Und das war's auch schon.
Nicht abwinken, hallo!!!
Sie suchen noch nach irgendeinem Psychokram, weswegen sich Frau Stratmann schwertut mit dem Alter: Sie wollen mich unbedingt weiter behelligen mit: Jaja, man sieht doch, dass sie keine 30 mehr ist, da hat die doch voll das Problem mit! Wer nicht altern will, muss früh sterblablabla.
Obacht! Sie wagen sich an die Tochter einer Mutter, die

nach 98 neugierigen, temperamentvollen Jahren innerhalb von zwei Tagen eher organisch-dynamisch diese Welt verlassen hat, ich habe die Alterslosigkeit in der DNA, sorry, dass ich Ihnen das so auf Ihren was weiß ich wie alten Kopf zusagen muss. Und natürlich bin ich keinen Tag jünger, als meine 60 Jahre auf dem Zähler haben! Natürlich vertrage ich kaum noch Alkohol, meine Knie tun auf Treppen oft richtig weh und im Kino zwinkert mir kein 35-jähriger Familiengründer mehr zu. Ja, was denken Sie denn?!

Aber das ist ja eben nichts Verstörendes für mich, das ist ja nur bedauerlich für den 35-Jährigen, harrharrharr! Erste Gebrechen mit 60 wie Kurzatmigkeit nach zehn Zigaretten sind doch logisch und mit Logik und Fakten habe ich grundsätzlich die geringsten Probleme.

Es ist etwas anderes:

Ich bin einfach sehr geräuschempfindlich. Und habe zu allem Unheil ein musikalisches Gehör, das auf Ünfz-und-echz-Intonation reagiert wie auf ein ungestimmtes Klavier.

Und wenn Sie nun bitte einmal Ihre Bockigkeit aufgeben und sich dem Akustiktest unterziehen, kommen Sie ja gar nicht umhin, mir zuzustimmen. Sagen Sie es laut in den Raum hinein, getrauen Sie sich, Sie werden zusammenzucken:

»Ich bin vierundfÜNFZig Jahre alt.«

»Ich bin einundsÄCHZig Jahre alt.«

Na? Wie klingt das? Beschissen. Das sag ich doch die ganze Zeit!

Ich setze jetzt sehr auf die 70.

S-i-e-b-z-i-g. IEBZ. Das klingt, wenn Sie mich fragen, einfach nur nach … nach irgendwas Keckem, das »i« hakt mich so richtig schön unter, IIIIEEBZZZZ, das sagt, knickknack, wollen wir nicht mal ordentlich jemandem in den Po zwicken? So.
Auf das IEBZ freu ich mich.
Und jetzt muss ich mich mal ein bisschen aufs Ohr legen, ich bin schließlich nicht mehr 30.

M wie Menschlichkeit

Beim Begriff Menschlichkeit weiß ich gar nicht, ob es Ihnen oder auch nur manchen von Ihnen ähnlich ergeht wie mir: Ich gerate stets kurz aus dem Gedankentritt, wenn es darum geht, zu beurteilen, ob etwas menschlich oder unmenschlich ist.

Wir meinen mit »menschlich« im Allgemeinen »barmherzig, empathisch, helfend, zugewandt«. Mit unmenschlich meinen wir »barbarisch, zerstörend«. Wir verleihen Preise an Menschen, die sich für andere Menschen, für eine gute Sache einsetzen, die sich menschlich verhalten in vorbildlicher Weise. Und wir schreien auf, wie unmenschlich es zugeht, da, wo andere vernichtet oder gequält werden.

In letzterem Fall zuckt immer mein Hirn zusammen, wenn mein Ohr wieder die Nachricht von der Unmenschlichkeit irgendwo aufnimmt. Was ist das für eine Distanzierung, die wir da mit der Begrifflichkeit von Unmenschlichkeit vornehmen?

Glauben wir ernsthaft, wenn wir Unmenschlichkeit beklagen, würde sie zu etwas, das nicht zu uns Menschen gehört? Aber von wem werden Gräueltaten verübt, wenn nicht von Menschen?

Ich komme auf keine andere Idee, sosehr mich das schmerzt, als dass Gräueltaten menschlich sind. In ihnen zeigt sich ebenso wie in unserem zugewandten, freundlichen Agieren, wozu wir Menschen fähig sind. Wie kommen wir also dazu, einem Täter seine Menschlichkeit abzusprechen?
Was ist er dann?
Ein Tier?
Wir wissen, dass dies eindeutig nicht geschieht: Ein Mensch, der eine brutale Tat verübt, wird dadurch zum Tier, zur Bestie? Nein, wird er nicht.
Welches sollte es sein? Schon mal gesehen, solch einen Vorgang der Verwandlung?
Es gibt ihn nicht, der Mensch bleibt ein Mensch. Vor dem Vergehen, währenddessen und danach. Die Legende von der Bestie dient lediglich dazu, uns in größtmöglicher Weise von der Abscheulichkeit eines Täters zu distanzieren.
Mir scheint, der Frage von Menschlichkeit kommen wir nur auf die Spur, wenn wir uns mit unser aller Dasein als böse *und* gut befassen. Denn dadurch, dass wir behaupten, etwas sei uns fern, sind wir es noch nicht los.
Ich begegne in meiner Arbeit ständig Menschen und ich kann Ihnen berichten, es gibt nicht einen einzigen Veränderungsprozess, der nicht auch »das Böse« in uns Menschen zutage fördert. Niedere Gedanken, Rachlust, Herzenskälte, Missgunst – ich habe es oft schon angesprochen auf diesen Seiten. Die reinsten Seelen, die vor mir Platz nehmen, werden fündig, wenn sie sich wirklich selbst begegnen. So erging es auch mir.

Was glauben denn Sie?
Selbstverständlich gehöre ich wie Sie zu den Mischwesen, die wir alle sind.
Meistens machen wir unser Leid ja nicht in uns selbst, sondern im Außen, in Auslösern aus. Danach legen wir uns auf die Sicht fest, dass der andere, unter dem wir leiden, böse oder zumindest fies ist, und erkennen nicht, wie böse wir schon längst mit ihm sind. Wir kämpfen darum, besser dazustehen als der andere, und je länger unser Kampf andauert, umso härter werden die Mittel.
Liebesentzug ist eins davon. Oder Abwertungen, Verwünschungen. Das sind allesamt scharfe Klingen, die das Blut spritzen lassen. »Ich kenne mich gar nicht wieder«, sagen wir dann oder: »Der macht aus mir eine Furie.«
Irrtum.
Ich lasse die Furie in mir frei, und dass ich mich nicht wiedererkenne, wenn ich in Furor gerate, liegt daran, dass ich bis dahin geglaubt habe, es reiche aus, dass ich keine Furie sein will. Beim Verätzen unserer Sprache oder des anderen glauben wir ernsthaft immer noch, diese Schäbigkeit wäre nichts uns Eigenes.
Aha.
Und wie kam sie dann in mich hinein? Wer hat sie uns verabreicht? Und warum haben wir nicht freundlich abgelehnt vor der Abfüllung? Oder nachdem, dann, wenn wir des Giftes erstmals gewahr wurden?
Das Tolle an dieser Einsicht ist, dass wir in selbem Maße, wie wir zur Hässlichkeit in der Lage sind, befähigt sind zur Katharsis.
Ich habe es selber ausprobiert.

Als ich das oben genannte Prozedere einmal so richtig in mir durchgewirkt hatte, floss der ganze Eiter (keine Sorge, der bildet sich bei jedem immer wieder neu, ich bin nicht plötzlich immer gut; nur meistens) aus mir raus und ich konnte zur Versöhnung schreiten, mit dem, den ich bis dahin für mieser als mich gehalten hatte.

Weil der ja angefangen hatte.

Auch so ein Ding.

Nicht drauf reinfallen.

Das meint ja der andere auch von dir.

Da kommst du auch nicht mit weiter.

Wer zuerst den Eiter riecht, fängt an, so kann man sich die Formel zur Versöhnung merken.

Warum denn immer ich?

Warum denn nicht, viel interessanter. Ich kann das hier auch abkürzen mit den Worten meiner Mutter, die sich folgendermaßen in meine Kindheit eingemischt hat: Der Klügere gibt nach.

Das kann man ruhig auch erst im Erwachsenenalter kapieren.

Denn, Achtung, nächste Raute: #Es ist nie zu spät.

V wie Verunglimpfung

Wenn wir schlecht über jemanden sprechen oder, darüber hinaus, ihn durch unsere Beschreibung der Verächtlichung preisgeben, dann nennt man das Verunglimpfung. Verglimpfen wir ihn dann, wenn wir ihn belobigen?

A wie Applaus

Ich weiß gar nicht, ob ich das überhaupt hier jetzt mit Ihnen verhandeln kann. Andererseits möchte ich Sie als mein Publikum gerne ins Vertrauen ziehen über Gedanken, die ich mir mache über das, was wir gemeinsam erleben, wenn ich auf der Bühne stehe und Sie meine Gäste sind.

Ich vertraue Ihnen nämlich, ich finde mein Publikum seit über 20 Jahren in der Über-Überzahl richtig prima, total nette Leute.

Ich möchte Sie hier mal regelrecht verglimpfen mit meinen Zeilen.

Und das mache ich sicherlich in einem für viele Kolleginnen und Kollegen mit, wenn ich Ihnen mal danke für Ihr nettes Augenzwinkern, für Ihr Lächeln und Ihre Zurufe im Zug oder wo auch immer im Land, wenn Sie uns auf unseren Wegen mal erwischen, außerhalb der Anordnung Bühne–Saalsitzplatz.

Die Netten unter uns bemerken es auch durchaus, wenn Sie sich zunächst etwas abkämpfen bezüglich der Wahrung unserer Privatsphäre und sich dann entschließen zu einem »Ich gucke Sie immer gerne!« oder »Sie haben mir einige der lustigen Momente geschenkt!«.

Damit beschenken Sie mich, ganz ehrlich, mitten in der Einkaufszone. Ich zumindest empfinde Ihre kleinen Gesten als liebenswürdigen Applaus und gehe nach solchen Hauchbegegnungen dieserart umarmt meiner Wege.
Nun muss ich zu dem anderen Applaus kommen.
Dem im Saal. Oder in einer Halle. Oder in einem Theater. Wo auch immer wir Wortkünstler so auftreten und Sie sich vor der Bühne auf einen der Sitzplätze begeben haben.
Hach. Wie fang ich das jetzt an?
Also.
Komm, Cordula, Katze aus dem Sack!
Aaalsoo.
Im sogenannten politischen Kabarett ist das gang und gäbe, aber auch in den Programmen anderer Wortkünstler, die sich nicht als politisch, sondern als entertaining ohne Politik empfinden, gehört es zum Material, dass die Auftretenden sich lustig machen über andere, die sie beobachtet haben.
In den meisten Fällen ist Hauptbetrachtungsgegenstand auf der Bühne der Mensch. In seiner Erscheinungsform als was auch immer, wir sind halt eine komische Spezies. Es wird sich von der Bühne aus schon immer gerne über Einzelne sowie über ganze Menschengruppen geäußert.
Weibliche Auftretende kümmern sich mit Leidenschaft um die Beschreibung männlicher Wesen in allen ihren Facetten. Beziehungsweise handeln diese Ausführungen regelmäßig von eklatant wenig Facetten. Bühnen-Männer beantworten das gerne ihrerseits mit Texten über die Putzigkeit von Frauen. Hallo 2024 (an beide)! Migrantische Auftretende äußern sich zum großen Teil über verstö-

rende Begegnungen mit ignoranten Landsleuten, politisch Definierte knöpfen sich gerne Akteure und Akteurinnen im Politik- und Verwaltungswesen vor, Queere befinden sich häufig im Modus von Coaches zum Thema Queerness, Katzenhalterinnen und -halter erzählen ganze Abende über das Leben mit Katzen, Ältere über Jüngere, Klimabewusste über Klimablinde, dicke weiße Frauen über alte weiße Männer usw. usf. – will sagen: Dies ist ein freies Land und wir alle können uns jeden Tag Eintrittskarten kaufen für Wer-auch-immer-sich-über-was-oder-wen-auch-immer-lustig-macht-und-ganze-Säle-zum-Johlen-bringt.

Ich werde alles mir Mögliche dafür tun, dass unsere Verabredung so bleibt, dass Komikerinnen und Komiker auf eine Bühne gehen und hanebüchene Witze über jeden und alle, über Gott, unbedingt auch über den, und die Welt reißen und wir alle zusammen immer wieder das Wagnis eingehen, dass wir nicht jeden der geäußerten Sätze unterschreiben können müssen und dass ein Weiterleben möglich ist, wenn von Teilen im Publikum etwas vielleicht als überzogen oder sogar geschmacklos empfunden wurde. Denn vieles ist eine Geschmackssache, auch wenn wir unsere Welt derzeit so weit verdreht haben, dass wir alles zu einer Gesinnungssache erklären.

Und genau darum geht es mir in meinem Kapitel über den Applaus.

Deshalb hole ich so weit aus.

Weil ich in der Vergangenheit eine Veränderung bemerke in den Sälen, mal dann, wenn ich selbst auf der Bühne stehe, mal, wenn ich einer der Gäste im Publikum bin.

In vielen Fällen ist für meine Ohren aus amüsiertem Applaus Gesinnungsapplaus geworden. Und auf der Bühne ist die Spiegelung unseres fehlerhaften Menschenwesens ersetzt worden durch einen Gesinnungsvortrag.
Auf der Bühne stehen mittlerweile auffallend oft klimabewusste, vegane, gendergebildete, antirassistische Richtigmacher oder sogenannte Querdenker – egal welche Art von Betrachtung sie vortragen, da oben stehen keine Unterhaltungskünstler mehr, sondern Kopfschüttler und Richter. Resoniert von einem begeisterten Publikum, das sich nicht mehr gespiegelt fühlt, sondern bestätigt. Je nach Wortführer da oben bestätigt in der schlechten Meinung über Politiker (auch hier: je nach Auftretendem rechts oder links, grün oder gelb oder rot oder leider auch wieder braun), Kinder, Veganer, Fleischesser, Bauern, Nichtbauern, kurz: Egal um wen es geht, es wird Überheblichkeit gefeiert und nicht verbindendes Amüsement, das ich sehr vermisse.
Das Publikum erkennt sich nicht mehr selbst mithilfe des Künstlerkönnens auf der Bühne, es sitzt im Saal und nickt Zustimmung für Entrüstungsmöglichkeiten, die ihm von da oben mit professioneller Überheblichkeit vorgetragen werden.
Ein Kollege mit regelmäßiger Satiresendung äußerte sich zuletzt (darin wiederholt er sich gerne) über Kinder, alle Abkömmlinge von Helikoptereltern mit der Folge, dass sie derart umsorgt und entmündigt keine ernst zu nehmenden zukünftigen Leistungsträger werden.
Entsetzt an dieser Aussage hat mich gar nicht, dass dieserlei Beobachtung natürlich einer kritischen Begutachtung

zu unterziehen wäre, dass ich sie, so populistisch geäußert, absolut nicht teile, helikopterische Züge an Eltern aber natürlich bestätigen muss; mich hat vielmehr das begeisterte Johlen im Publikum verstört. Das war der Sound beim Zwergenwerfen, glaube ich.

Und ich sitze da und denke verschreckt: Findet ihr das wirklich so saulustig, dass ihr die jungen Menschen, die neue Generation alle so richtig scheiße findet? Sind das nicht *eure* Kinder?

In solch einer Stimmung erkennt sich niemand selbst, diese Art von Johlerei trägt sabbernde Gesinnung in sich. Hier sitzt niemand dazwischen und denkt, hui, er meint mich!

Eine Dame in der ersten Reihe riss vor lauter unkontrollierter Begeisterung immer wieder beide Arme hoch, so richtige Bekenntnis unter den Achseln. Sie schrie auch häufig »Wow!« Richtung Satiriker als Support für seine beinharten Keulen auf die Idioten in Berlin oder andere Idioten, sind ja alles Idioten – bis auf die im Saal. Alles Geisterfahrer, außer mir, sagt man ja auch. Und das Johlen eine Art Schulterklopfen: Wow, endlich sagt das mal einer und entlarvt ohne Gnade, weil Gnade gibt's nicht mehr, Gnade war gestern, geil geil geil! Und danke, lieber Satiriker, dass dein Gesinnungsvortrag da oben mich nicht zwingt zu bemerken, wie doof ich mich selbst anstelle in diesem Leben, geil geil geil! O Gott, ich bin so Fan!

Als ich diese Zeilen geschrieben hatte, es war gestern, legte ich mich des Nachts ins Bett und dann fing das Karussell im Kopf wieder an:

Hm. Hast du das richtig beobachtet mit dem Applaus, Cordula?
Bist du zu streng, wenn du begeistertes Publikum so zusammenfasst?
Das gab es doch im sogenannten Politischen Kabarett immer schon, dass da die Richtigdenker einem Richtigdenker zuhören.
Irgendwann eingeschlafen.
Aufgewacht. Neuer Tag.
Und an diesem neuen Tag habe ich viel Zeit damit verbracht, mir das neue Programm *Armageddon* von Ricky Gervais (britischer Komiker und Autor) anzuschauen. Direkt im Anschluss daran das seines amerikanischen Kollegen Michael Burbiglia, *The old man and the pool*. Hätte ich gestern für Sie und mich nicht meine Überlegungen zum Applaus aufgeschrieben, vielleicht wäre meine Aufmerksamkeit heute gar nicht geschärft gewesen für das, was mir aus dem Gerät direkt in den Schoß fiel:
Als ich Gervais und seinen unkorrekten Witzen, seinen sehr, sehr gelungenen wie seinen absolut nicht so gelungenen Zumutungen folgte (dieser Mann spielt stets auf der Klaviatur von großartig bis unerträglich, es ist Wesen seiner Kunst, dass er mich einmal begeistert und ein nächstes Mal abstößt), reagierte ich nicht in besonderer Weise auf den begeisterten Lärm aus dem Publikum, es war erwartbar, dass es Johlen und begeisterte Pfiffe für diesen Krieger auf der Bühne geben würde. Erst als ich danach Michael Burbiglia zuhörte, fiel mir auf, dass er zum einen gar nicht kämpfte, keinen Zynismus unters Volk streute, niemandem lustvoll die Fresse polierte, sondern tatsäch-

lich nur erzählte – leise, laut, lustig, persönlich –, und dass sein Erzählen im Auditorium eine ganz andere Reaktion auslöste:

Die Leute lachten. Mal alle aus vollem Hals, mal nur Teile, mal kieksten welche vergnügt, mal schmunzelten sie laut und mal leise. Niemand schrie.

Das war schön.

Davon wollte ich Ihnen hier nur mal erzählen.

Ich will gar nicht eingreifen in Ihre Art, sich zu amüsieren. Fühlen Sie Ihre Begeisterung, Ihr Fansein, Ihre Belustigung so, wie Sie sie fühlen, ich habe Ihre Freude nicht zu kommentieren.

Das steht mir gar nicht zu.

Vielleicht verstehen Sie, worum es mir geht?

L wie Lektüre

Ich bin wieder Zug gefahren.
Der war pünktlich und blieb es auch. Das hier wird also keine Auslassung über die Deutsche Bahn und, gähn, ihre Probleme mit … nahezu allem.
Nein, ich bin einfach Zug gefahren.
Und darin ereignete sich nichts Großes, die Reisenden sitzen halt so rum, ihrem Ziel entgegengefahren werdend.
Die einzige Ausbeute aus dieser Unternehmung ist die Frau, die mir gegenüber nach vorbereitenden Verrichtungen Platz genommen hat: Tasche oben ins Fach, Jacke aufhängen, todernst gucken, nicht grüßen, konzentriert sein, auf ihren Platz fallen, sich einen regelrechten Schinken von Buch (Minimum 700 Seiten, wenn Sie mich fragen) auf den Schoß hieven: *Die Hohenzollern und die Nazis*.
Sie ist augenblicklich eingeschlafen.
Finde ich witzig.

P wie Pferdeschwanz

Bitte nicht in dem Moment neu binden, wenn Sie durch Warteschlangen aller Art direkt vor mir zu stehen kommen. Ich stehe hinter Ihnen und habe danach bis nachts Splissfasern von Ihnen in der Luftröhre. Einfach mal drauf achten. Ganz herzlichen Dank.

E wie Eskalation

Wie oft eigentlich noch?

Zum wievielten Mal lese ich in der Zeitung, höre ich in den Nachrichten, dass auf einen wütenden Boykott mit wütenden Unterzeichnern mit der Ausladung einer vormals Eingeladenen reagiert wird, weil sie wütend den Boykott mitunterzeichnet hat und nun nicht mehr willkommen ist bei den wütenden anderen, die den Boykott ungeheuerlich finden.

Sie fragen sich vielleicht gerade, welcher Boykott, wer wurde aus-, nein, eingeladen? Ich verspreche Ihnen, das ist mittlerweile egal. Ich muss Ihnen hier nicht auseinandersetzen, um was es genau geht, denn es geht ausschließlich um Eskalation.

Und wer eskaliert, hat den Verstand verloren.

Ich verrate Ihnen, welches Bild sich mir jedes Mal wieder aufdrängt, wenn ich von diesen gegenseitigen Abschaffereien erfahre:

Ich sehe eine Truppe Hühner auf ihrem Hof, mit abgeschlagenen Köpfen, umherrasend und gackernd: »Die kommen uns nicht hierhin! Die sind ja irre! Die gehören geschlachtet!«, während die Hühner des gegnerischen

Hofes, allesamt ebenfalls ohne Köpfe, nahezu mit demselben Geschrei über ihr Gelände rasen.
Ein Arzt würde bei allen gleichermaßen diagnostizieren: »Meine Vogelperspektive sagt: Raserei.«
Wenn es den Gegnern wirklich um das ginge, was ihnen jeweils wichtig ist, dann säßen sie klugerweise zusammen, würden ertragen, was die andere Seite vorzutragen hat, und in den Austausch gehen, wie viel besonnene Kraft das auch erfordern mag. Wenn sie ihrem Verstand und nicht den Reflexen folgten, würden sie die Eskalation beenden und um Lösungen ringen.

T wie Tatsächlich

Es gab tatsächlich eine Zeit, in der haben wahnsinnig viele Menschen tatsächlich das Wort »sozusagen« überall in ihren Sätzen eingeflochten. Tatsächlich beinahe kaum noch ein Satz, in dem das Wort »sozusagen« nicht untergebracht war. Man konnte tatsächlich dem Begriff »sozusagen« gar nicht entkommen, die Sprechenden fanden immer und überall Verwendung für ein eingefügtes »sozusagen«.

Ungefähr so, wie es jetzt tatsächlich dem kleinen Wort »tatsächlich« ergeht.

Es wird tatsächlich mittlerweile in beinahe jeden Satz im deutschsprachigen Raum eingefügt.

Und ich habe tatsächlich den Eindruck, dass das tatsächlich so gut wie niemand bemerkt.

Wenn Sie mich jetzt fragen, würde ich tatsächlich sagen, dass das »tatsächlich« das »sozusagen« abgelöst hat.

Ist aber tatsächlich nur eine kleine Beobachtung von mir.

W wie Weihnachtsgrüße

Falls Sie diese Zeilen im August lesen, nehmen Sie sie sich einfach im November noch einmal vor. Oder versetzen sich, am offenen Fenster schwitzend, in die von uns allen so geliebte Vorweihnachtszeit, das mag sogar kühlende Wirkung haben an einem Tag mit 36 Grad.

Täglich füllt sich nun unser Briefkasten (genauer: Ende November eines jeden Jahres bis 24. Dezember eines jeden Jahres) mit Grußkarten aus dem näheren und ferneren Bekanntenkreis.

Darauf zu sehen, je nach Personal und Konstellation: Paare mit einem, zwei oder mehr Kindern, diese Kinder dann gern noch einmal einzeln; wenn Hund vorhanden, findet sich auch ein Lichtbild des blonden Labradoodles (Beispiel) in diesem Potpourri. Ein, zwei Fotos aus dem Sommerurlaub mengen manche Versender noch unter, ich kenne infolge des zugesandten Fotomaterials nun einen Großteil meiner Bekannten in der Position, wie sie einen Swimmingpool bespringen, ohne je mit ihnen verreist gewesen zu sein. Ebenso gern genommen: Skimotive, Osterferien. Oder: Bergwelten, Herbstferien. Durch solcherlei Dokumente aus verschiedenen Jahreszeiten erfahre ich, dass das vergangene Jahr im Falle meiner Bekannten durchgehend einfach der totale Bringer war.

In beinahe jeder Postsendung finden sich Kinder unterschiedlichen Alters mit lustigen Weihnachtsmützen geschmückt oder – wenn die Eltern humorbedingt so richtig auf die Sahne hauen – mit Engelsflügeln, denn darum geht es ja schließlich, um die fröhöliche Weihnacht. Es ist zu vermuten, dass den bereits 17-jährigen Töchtern und Söhnen bei Verweigerung derart würdeloser Abbildungen die Weltreise (Australien) nach dem Abitur gestrichen worden wäre. Diese Drohung gilt ebenso für den Fall, dass der Nachwuchs in der Choreografie der Eltern nicht quietschvergnügt in die Linse strahlt. Neben den Eltern, die mit dem vergangenen ihr bestes Jahr erlebt haben müssen.

Nachdem man sich im Photoshop in oben genannter Weise mit dem Bildmaterial ausgetobt hat, bindet man das Grafikwunder noch textlich ab mit ergreifenden Zeilen wie: »Ein fröhliches Weihnachtsfest und ein frohes, gesundes … (entsprechende Jahreszahl) wünschen Euch …«, hier folgen die Namen. Manche schreiben auch: »So soll es weitergehen, wir wünschen Euch gemütliche Weihnachten und ein frohes, gesundes … (entsprechende Jahreszahl), Eure …«, hier folgen die Namen. Grundsätzlich verzichten die Weihnachtskartenversender, abgesehen von der gut gelaunten Unterschrift, auf persönliche Zeilen, ich kann hier nur vermuten, dass sie jegliche Aufdringlichkeit vermeiden wollen.

Für diese weihnachtliche Geste hat zuvor jemand seine Zeit aufgebracht, nur um uns die Freude dieser kleinen Aufmerksamkeit zu machen. Sie überlegen sich, welche

Motive sie denn dieses Jahr in welcher Anordnung am Computer konfigurieren wollen, rufen per Buchstaben einen nett gemeinten Weihnachts- und Neujahrsgruß hinterher, drucken es so oft aus, wie das Adressbuch Namen hat – und dann ab damit in die Haushalte der Nachbar- und Bekanntschaft.

Und hier eine Bitte von mir: Wäret ihr bitte so lieb und würdet das in meinem Fall unterlassen?

Ich will es euch erklären.

Von dem einen oder anderen Zusender weiß ich, welches Jahr tatsächlich hinter ihm liegt, und finde bei noch so intensiver Suche keine Begründung für die Mühe solcher Art der Selbstdarstellung. Wenn mich quietschvergnügte Weihnachtsmützen angrinsen, während vor meinem inneren Auge die Anstrengungen vorbeiziehen, die das Jahr für die Grinsekatzen tatsächlich bereithielt, dann erfüllt mich das eher mit Befremden, oft befällt mich sogar Mitleid, was der Adressat ganz sicher nicht bei mir auslösen wollte.

Sollte man jedoch wirklich ein wie abgebildet ungestörtes Jahr erlebt haben, dann darf man sich selbstverständlich riesig freuen, weil wir ja alle wissen, wie launisch das Leben zu uns sein kann, und ebendeshalb lohnt sich vor dem Versenden solcher Post schnell noch einmal die Überlegung, wie einen Empfänger, der möglicherweise in diesem Jahr vom Schicksal unschön gestört wurde, solche Meine-Kinder-mein-Urlaub-mein-Haus-mein-Auto-mein-Boot-meine-Weihnachtskarte-Hund-Katze-Maus-Imponderabilien antreffen, zumal mangels persönlicher Zeilen, also ohne ein Zeichen von echtem Interesse.

Das habt ihr im Überschwang eurer frei flottierenden Jahresabschlussgrüßerei sicherlich nicht bedacht, aber: Was soll der damit?
Ich empfinde diese Art von Post – und jetzt werden alle unverstanden aufschreien, die gerade gestern das ganze Zeug in jene gegeben haben – als regelrecht, Achtung Triggerwarnung, jetzt folgt ein hartes Wort: ignorant.
Am Schrank festhalten, weiterlesen:
Leider keiner dieser Grüße erfüllt mich mit Freude darüber, bedacht worden zu sein. Von keinem dieser Grüße fühle ich mich gegrüßt. Derartige Post ist für mich so verzichtbar wie Save-the-date-Karten oder andere schlechte Angewohnheiten.
Wer also sein Jahr gerne abschließt mit eben beschriebenem Ritual, dem sei hiermit fröhlich zugerufen: Ich bin nicht beleidigt, wenn alle die gleiche Post bekommen und nur ich nicht. Bitte schenkt mir doch stattdessen bei der nächsten Begegnung eine feste Umarmung mit guten Wünschen füreinander. Das würde mich freuen.

Ich wünsche Ihnen allen nun, dass Sie das vergangene Jahr mit seinen Freuden und Sorgen ohne Hadern in Ihre Lebenssammlung aufnehmen und das kommende zuversichtlich begrüßen
Ihre Cordula Stratmann

Ein Nachtrag bezüglich oben erwähnter schlechter Angewohnheiten:
Hier muss ich leider auf Paare zu sprechen kommen, die

zum Geburtstag eines Menschen ihres Umfeldes das Telefon oder Handy zur Hand nehmen, auf die Mailbox, in die Sprachnachricht oder ins Ohr das akustisch sehr, sehr schlimme, in der Musikgeschichte die Einfallslosigkeit anführende »Happy birthday to youuuu, happy birthday to youuuu, happy birthday, liebe …, happy birthday to youuuu!!!« plärren. Das klingt *immerimmer* grauenhaft, aus musikgeschichtlichen Gründen, wie gesagt, und weil mindestens ein Teil des Paares nicht singen kann. Aber damit nicht genug, die wohlmeinenden Gratulanten verschlimmern die gesangliche Körperverletzung gerne zusätzlich nochmal textlich, hier geht es mir um rein inhaltliche Fragen, mit: »HERZLICHEN GLÜCKWUNSCH, LIEBE CORDULA, LASS ES KRACHEEEEEN!!!« Allein vom Niederschreiben hat sich mein Oberkiefer schon wieder in der Schreibtischplatte verkeilt.

Wer mich also zum Geburtstag gern grüßen möchte, mich aber persönlich nicht erreicht, der sei entlastet durch meine leicht zu erreichende Erfreubarkeit an diesem Tag mittels eines einfachen Winke-Smileys und/oder Herz-Smileys oder, ach, da findet sich in dieser Smiley-Funktion im Handy haufenweise. Bitte mich nicht ansingen und nicht so Sätze sagen wie, dass ich es krachen lassen soll. Ich habe keine Ahnung, was ich dann machen muss. Danke.

B wie Bequemlichkeit

Die deutsche Sprache hat so viele tolle Wörter!
Bequemlichkeit.
Hhhhmmmm … Aaaaaaaaahhh …
Was könnte das denn anderes heißen als »Bequemlichkeit«?
Das klingt doch eins zu eins nach den Kissen, in die ich mich reinschmeiße: BEQUEMLICHKEIT. Bequemlichkeit könnte ja niemals Eile meinen. Oder Zeitdruck. Eile ist stakkato, muss ja schnell gehen; und Zeitdruck gibt dir schön mit dem »ck« hinten im Wort eine fette Kopfnuss, eigentlich schon mit dem »dr«: Zeit**dr**uck.
Bequemlichkeit ist Bequemlichkeit, dabei fallen mir augenblicklich die Straßenschuhe vom Fuß, die Beine strecken sich aus, meine Sitzhaltung geht mit der Rückenlehne nach hinten. Aaaaaahhh …
Ich sitze gerne rum und glotze Löcher in die Luft.
Ich war vor Jahren so clever, einen Beruf, nein, zwei zu wählen, die ohne Rumsitzen und Löcher-in-die-Luft-Starren nicht zu bewerkstelligen sind. Zur Tarnung immer Zettel und Stift dabei. Beide Berufe verlangen von mir das Herumsitzen und Nachdenken.

Mal denke ich über Menschen nach, die gerade meine Praxis verlassen haben oder gleich hereinkommen, mal denke ich über Texte nach und ob ich sie so oder anders aufschreiben will. In mir wälzt sich ja ständig die Nachdenkerei von Hinterkopf zu Stirnlappen und wieder zurück. Mein Magen kann auch denken. Meine Bronchien. Alle müssen ran bei mir.

Jetzt auch wieder.

Ich sitze hier vor meinem Laptop, erdenke die nächste Zeile, tippe sie in die Tasten, wieder Blick aus dem Fenster, Blätterwackeln vor der Scheibe, muss windig sein da, nächster Gedanke, verwerfen, übernächster Gedanke, provisorisch aufschreiben, Haltbarkeit überprüfen, Schulterzucken, pinkeln gehen.

Also, ich selbst würde das nicht als bequem bezeichnen, ist ja ganz schön was los bei mir, du kannst davon sogar regelrecht geschafft sein. Von Kopf bis Fuß.

Ich trage nur nie Laufklamotten, sowieso: Ich laufe nie!

Sagen wir es so, ich bin ständig an irgendwas dran, mit irgendwas zugange, achte dabei aber höllisch darauf, niemals außer Atem zu geraten. Dann ist Feierabend bei mir. Wenn du mich anrufst und mich bittest, über irgendetwas mit dir zusammen nachzudenken, dann mache ich jede Überstunde und gebe, wenn es sein muss, Nachtschlaf her.

Verlange nicht von mir, dass ich mich beeilen oder dem Bus hinterherrennen soll oder sonst was im Laufschritt! Du brauchst mir auch nicht von deinem Abo in der Muckibude vorschwärmen. Null Resonanz. Ich gehe zu Fuß durch die ganze Stadt meine Freundin besuchen. Mit

Musik auf dem Ohr tanze ich ihr sogar manchmal entgegen (okay, tanzen tu ich oft, in Badezimmer, Küche, sowas, und durchaus ausgiebig, mit Verlängerung). Aber ohne dieses sinnvolle Ziel sitze ich meist in der Gegend rum und bin schon wieder am Nachdenken. Oder Zeitunglesen. Worüber ich dann wieder nachdenke.
Lass mich bitte einfach sitzen und versau es mir nicht mit Sportquatsch.
Ist das nun Bequemlichkeit? Oder gar Faulheit?
Jetzt zum Beispiel möchte ich eine Tasse Kaffee trinken.
Sooo lange sitze ich aber noch gar nicht am Schreibtisch.
Auch sowas. Ständig habe ich Ideen für kulinarische Unterbrechungen. Der Kaffee lockt mich gerade mit einem Weckchen mit Schokocreme (kriegen Sie sich ein, alles bio).
Ich stelle mir auf keinen Fall einen heißen Kaffee neben den Laptop und trinke davon nur einen Schluck, schreibe weiter, nippe wieder daran, und der letzte Schluck ist kalt, weil ich beim Kaffeetrinken so busy war.
Auf gar keinen Fall.
Kaffeetrinken ist Kaffeetrinken. Mit Weckchen. Mit Schokocreme.
Die Dinge nicht vermischen, bitte.
Eins nach dem anderen. (Siehe M wie Multitasking.)

Ich hatte mal einen Annäherungsversuch mit Hypochondrie.
Das war ein Vorschlag von Künstlerkollegen, die sie praktizieren, und ich gebe zu, das war recht attraktiv, auch für mich. Für eine Weile. Am Ende war ich aber doch recht erschöpft von der Hypochondrie.

Ich bin da zu faul für. Oder zu bequem.
Das ist ein Riesenaufwand, wenn du es richtig machen willst. Du musst ständig auf der Hut sein, juckt es hier, schnieft es da, und was heißt dies, was heißt das, Hilfe, Alarm!
Dann musst du dich panisch ins weltweite Netz begeben, findest dort eine Besorgniserregung nach der anderen. Dann wartest du wieder auf Montag, gefährliche Symptome zeigen sich häufig freitagabends, das Wochenende ist also im Eimer, die Praxismanagerin deines Arztes gibt dir am Montag den frühesten Termin am folgenden Freitag, ist die Woche gleich mit hin … Du kommst als Hypochonder zu gar nichts mehr. Ein zusätzlicher Vollzeitjob, unbezahlt, dafür sehr teuer in der Handhabung.
Was ich sagen will: Zeitlebens unterziehe ich alles, das von mir getan werden will oder soll, ausnahmslos zuvor einer Überprüfung – mit der alles entscheidenden Frage: *MUSS* das wirklich sein, ist diese Anstrengung wirklich *unbedingt* notwendig? Leider kann ich niemanden mehr dazu befragen, wie viele Tage ich bei meiner Geburt übertragen war, sonst könnte ich für Sie jetzt hier exakt datieren, wann ich damit angefangen habe.
Bei *Ja, es ist notwendig* hau ich rein, das ist doch selbstverständlich. Ich komme allerdings häufig zu einem Nein, wo andere unter ihrem Ja ächzen: Fensterputzen, Praxisrechnungen schreiben, *sofort* zurückrufen, *jetzt* einkaufen.
Jetzt könnte ich eigentlich ein Kapitel »P wie Prokrastinieren« hinzufügen.
Mal sehen. Muss ja auch nicht.

M wie Multitasking

Geht absolut überhaupt nicht.
Ich habe es wirklich ausprobiert.

O wie Orientierungssinn

Von wo war ich denn jetzt gekommen?
Bin ich letztens denn auch an dem gelben Haus vorbeigekommen, wartemal, an der Ecke muss ein Kiosk sein … aahnee, wo war denn der Kiosk, was hat die Mia gesagt, du kommst an 'nem Kiosk vorbei an der Ecke, ah, nächste, da isser.
So und hier jetzt rechts.
Aber wieso heißt das hier jetzt nicht Palmstraße? What???
Okay, ich mach scheiß Google Maps an.
…
Und wie rum steh ich jetzt???
Logisch. Direkt in die falsche Richtung losgegangen. Jetzt eiert der Pfeil hier vor meiner Nase rum. Raff ich jetzt auch wieder nicht, will der, dass ich jetzt weiter geradeaus gehe, oder soll ich mich umdrehen. Hä?!
Ah. Okay. Jetzt hatters.
Da vorne isses ja schon.
Cool.
Angekommen. Wie immer.

Danksagung

Mein Dank ganz zum Schluss geht an Sie alle.

Wenn es nicht so pathetisch daherkäme, stünde hier: an die ganze Welt.

Sosehr ich an ihr immer wieder verzweifle – Sie haben das dem einen oder anderen Text ja schmerzlich bis verstört entnehmen können –, so sehr freue ich mich ständig an der Fülle, die ich zu leben bekomme.

Ich bin dankbar für Sie alle, die ich, außer mich selbst, täglich an so vielen Orten beobachten kann; die mich zu Fragen anregen, die mich aufregen und rühren, mir in die Kniekehlen treten und mir wieder aufhelfen. Mein Dank geht an alle Ohrfeigen und Umarmungen, die mir mein Leben seit Jahrzehnten zumutet und gönnt – und die schlussendlich zu diesem lauten Nachdenken im vorliegenden Buch führen.

Danke Ihnen für Ihre Aufmerksamkeit, mit der Sie sich meinen Fragen, Folgerungen oder Behauptungen gewidmet haben, welche ich Ihnen hier zusammengetragen habe!

Und zuletzt möchte ich all meinen wertvollen Lebensbegleiterinnen und Lebensbegleitern danken, an deren

Seite ich dieses Leben – vor, zurück, auf und ab – leben kann, die mir den Arsch retten und sich ihren von mir retten lassen, die immer dafür sorgen, dass ich weich falle und gekräftigt wieder aufstehe; und die sich ebenso freuen, wenn ich im Gelingen schwelge.
Danke an Sie alle, denn alleine kriegen wir dieses große Ding Leben nicht gewuppt!